막막했던 미디어 사역,
플랫폼을 통해 쉽게 접근한다!

미디어 사역 3.0

- 플랫폼 시대, 미디어 사역 쉽게 따라하기 -

임민순

도서출판 유앤미

Index

책을 펴내며

처음 음향을 배우던 날이 생각난다. 대학교 1학년 시절 상가 건물의 작은 교회를 다니고 있었다. 어느날 교회에서 찬양콘서트가 있다는 소식에 기쁜 마음으로 참여했다. 작은 교회 공간에 처음으로 외부 음향팀의 스피커가 설치 되었다. 난 아직도 그 날을 잊지 못한다. 다른 이들은 CCM가수의 찬양에 흠뻑 빠져 있을 때 나는 처음 본 스피커 장비들이 멋져 보였고, 그 스피커가 내는 소리에 반해 버렸다. 콘서트 후 음향팀과 교회 식구들이 함께 다과를 나누는 시간, 나도 모르게 음향팀 엔지니어에게 찾아가 이렇게 말했다. "저 음향 배우고 싶습니다." 그 날이 내 미디어 인생의 시작과 같은 순간이었다.

지금은 미디어 전담 사역자로 한 교회에서 20여년의 시간을 보내고 있다. 코로나로 모든 교회가 어려워하던 시기 '성결미디어연구소'를 개소하고, 영상·음향으로 힘들어하는 교회를 찾아다니며 돕는 일들을 지속해왔다. 그렇게 교회를 돌아보면서 안타까웠던 것들이 있었다. '영상과 음향에 대한 기본 지식만 있다면 이렇게 어려워 하지 않으실 수 있을 텐데…', '이것들은 어려운 프로그램을 사용하지 않아도 간단한 프로그램 만으로 얼마든지 가능한데…' 라는 생각들이다. 만나는 사역자 분들께 전문적인 언어와 지식을 사용하지 않고도, 하나씩 천천히 설명드리면 금세 이해하시는 것들을 경험했다. 이런 경험들이 이 책을 쓰게 된 원동력이었다.

이 책은 기독교대한성결교회 교단 잡지인 '활천'에 2023년 한 해 동안 기고한 글을 모으고 증보하여 출판하게 되었다. 1장에서는 플랫폼에 대한 이해에 대해 나누었고, 2장에서는 미디어 사역에 앞서 저작권에 대해 먼저 다루었다. 3~9장에서는 플랫폼을 활용해서 할 수 있는 미디어 사역에 대해 살펴 보며 구체적인 플랫폼들을 소개했다. 10~11장은 온라인으로 방송하는 방법에 대해, 12~13장은 미디어 사역자라면 알아야 할 영상 및 음향의 기본이론에 대해 적었다.

미디어 사역의 영역은 광범위하다. 모든 내용을 책에 담을 수는 없지만 기본이 되는 것들을 담으려 노력하였다. 이들과 목회 현장에서 고군분투하며 온 마음으로 사역하시는 목회자분들과 이 길을 함께 걸어가는 사역자들에게 작은 도움이 되길 기대한다.

이 책이 나오기까지 물심양면으로 도와주신 삼성제일교회 윤성원 담임목사님과 당회 그리고 성도님들, 무엇보다 사랑하는 가족들에게 감사 인사를 드립니다.

미디어 사역

>> 교회 역사 속 미디어

교회 역사를 돌아보면 복음 전파의 사역은 미디어 사역이었다고 말할 수 있다. 보이지 않는 말씀이 성육신 되어 우리에게 친히 보여 주셨던 예수님의 사역은 어느 무엇보다 멋진 미디어 사역이었다. 예수님은 세례와 성만찬을 통해 구원의 실체를 직접 보여주셨다. 문맹률이 높고 무지했던 중세에는 회중들을 위해 성경을 성화와 성상으로 보여 주었다. 후에 주객이 전도되어 성화를 섬기고 성상을 섬긴 것이 문제가 되었지만, 그것들은 말씀을 시각화하는 중요한 미디어의 역할을 하였다. 이처럼 말씀은 역사 속에서 다양한 미디어의 형태로 전파되어 왔다.

대부분 미디어는 본질이 아니고 수단이라고 말한다. 하지만 이 본질을 전달하는 수단이 없다면 본질은 제대로 전달이 될 수 없다. 특히 현대에는 미디어가 본질을 잘 전달하는 귀한 수단이 되었음이 분명하다. 특별히 코로나 팬데믹으로 인해 교회의 미디어 사역은 필수가 되었다. 이전에는 현장에서 함께 만나고 예배와 다양한 요소들을 경험함으로써 성도들의 공동체성을 유지하였으나, 함께 모이지 못하는 팬데믹 시대에는 미디어가 성도들을 연결해주고 공동체성을 느낄 수 있게 해주었기에 이제 미디어 사역은 복음전달 사역에 있어서 없어서는 안될 중요한 사역으로 자리매김 하게 되었다.

>> 미디어 사역의 방향

미디어 사역은 어느 방향을 향해 가야할까? 앞서 말했듯이 교회의 공동체성을 높여주는 사역이어야 하며, 우리의 머리 되신 예수 그리스도와 그의 지체된 성도들을 연결해주는 사역이어야 한다. 그렇기에 미디어 사역은 또 다른 의미에서 중보사역이라고 표현할 수도 있을 것이다.

교회 미디어 사역의 중심에는 교회 강단을 통해 전해지는 메시지가 모든 성도에게 잘 전달되게 하는 것이 먼저이다. 또한 현장에서 함께 하지 못하는 모든 성도에게까지 강단의 메시지가 공유될 수 있게 함으로써 공동체성을 증진할 수 있게 하는 것에 중점을 두어야 한다. 또한 미디어 사역이 담임 목회자의 목회 방향과 같은 방향으로 움직이기 위해서는 무엇보다 소통이 필요하다. 그렇기에 미디어 사역에 있어서 담임 목회자의 목회 방향을 잘 이해하며 함께 갈 때 큰 힘을 발휘할 수 있게 된다.

이전에는 사역에 미디어를 활용하는 부분이 오프라인 예배와 행사에 국한되어 있었다. 그러나 이제는 온라인 사역을 놓쳐서는 안 되는 시대를 살아가고 있다. 그러기에 미디어 사역은 온라인으로 함께하고 있을 성도들의 입장에서 한 번 더 생각해야 하며, 더 적극적으로 참여할 수 있도록 도와야 한다. 필자가 사역하고 있는 교회의 경우에는 온라인 예배를 드리는 성도들을 위해 예배 10분 전 성도 전체에게 유튜브 중계 문자 발송과 함께 밴드에 유튜브 링크를 올린다. 대부분 교회는 예배 시작 직전까지 교회의 대표 이미지로 화면을 가리거나 예배 시에 지켜야 할 에티켓 영상을 띄워준다. 이렇게 하면 온라인으로 예배를 기다리는 성도들이 답답함을 느끼게 된다. 그래서 필자의 교회는 예배 시작 5분 전에 본당 전면의 모습을 송출한다. 부득이 온라인으로 예배드리는 성도들에게 본당 내부를 보여주어 마치 오프라인에서 예배를 드리는 것과 동일한 경험을 전달하기 위한 것이다. 일반적으로 온라인 중계 시 설교자, 예배 인도자, 기도자, 찬양대만 확대해서 온라인 방송으로 보여주는 경우가 많은데 가능한 와이드샷(넓은 화면)을 잡아주면, 온라인으로 예배 드리는 성도들로 하여금 예배에 함께 참여하고 있는 듯한 현장감을 느낄 수 있도록 도울 수 있다.

담임 목회자는 유튜브로 참여하는 성도들을 어떻게 환영할 수 있을까? 수요, 금요예배 때에는 유튜브 댓글 창에 글을 남기는 성도들의 이름을 광고시간을 통해 불러준다든지, 아니면 댓글 창에 직접 글을 남겨 환영할 수 있을 것이다. 실제로 코로나 기간 동안 온라인 예배에 참여했던 성도들은 방송을 통해 자신들의 이름이 언급될 때 많은 힘과 위로를 얻었다는 피드백을 남겨주기도 하였다. 같은 시간, 같은 공간에 함께 하지 못하더라도 온라인을 통해 함께 하고 있다는 것을 느끼게 해 주는 작업은 큰 힘이 소모되는 사역이 아니다. 현장에 함께 하지 못하는 성도들의 입장이 되어 보거나, 마음을 좀 더 쓴다면 충분히 가능한 일이 될 것이다.

코로나 이후, 온라인 미디어 사역의 역할론이 큰 비중을 차지하고 있지만, 여전히 현장에서 드리는 예배의 중요함을 간과해서는 안 된다. 동일한 시공간에서 느끼는 공동체성은 함께 모여 예배하는 기독교 신앙에 있어서 매우 큰 의미를 가지고 있기에 미디어 사역은 각자의 삶에서 편안하게 예배 드리는 환경을 조성하는 것에만 치중하는 것이 아닌, 현장의 예배를 더욱 사모하도록 이끌어 가야 한다. 함께함의 가치와 더불어 서로 섬기며 동역하는 기쁨을 느끼고 싶도록 만들어 가면서 동시에 미디어 담당 사역자들은 성도들의 마음을 다양한 상황 속에서 이해하고, 좀 더 효과적으로 복음을 전달할 방법을 모색하는 일에도 노력을 아끼지 않아야 한다.

>> 교회 미디어 사역, 팀으로 함께 하자

코로나 팬데믹 이후 많은 교회가 미디어 사역을 시작하는 계기를 마련하였다. 그럼에도 미디어 사역은 기술과 재정, 그리고 인력이 많이 필요하다고 생각되기에 많은 교회들이 쉽게 접근할 수 없었다. 작은 교회들에는 더욱 더 어렵게만 느껴졌을 것이다. 무엇보다 함께 일해 줄 인력을 교회 내에서 찾기 어려운 것이 더 큰 문제일 것이다. 그래서 목사님들이 직접 고군분투하며 이 사역을 감당하고 있는데, 힘들고 어렵다는 이유로 미디어 사역을 내려놓을 수도 없는 현실이다. 이제는 미디어가 복음 전달 사역에 귀하게 사용되고 있다는 것을 알고 있기 때문이다.

그렇다면 어떻게 해야 할까? 필자가 10년 전, 다양한 미디어 시설들을 탐방하고, 메인 채플을 주관하는 워십디렉터와 인터뷰하기 위해 미디어 사역으로 유명한 교회들을 방문한 적이 있다. 댈러스의 게이트웨이(Gateway) 교회를 찾아갔을 때, 채플실에서는 예배 준비를 위한 리허설이 한창이었다. 미디어 전문가들은 화려한 조명으로 강단을 비추고 있었

고, 듣기 편안한 사운드를 만들어내고 있었다. 안내자와 함께 들어간 방송실은 웬만한 TV 방송국과 견줄 만큼 완벽한 시설을 갖추고 있었다. 그런데 가장 잊지 못할 장면이 있었다. 바로 전문가용 방송 카메라를 직접 운영하던 카메라 맨이었다. 사진 속 카메라 맨이 몇 살 쯤 되어 보이는가? 우리 나이로 중학생 정도되던 그 어린 학생은 다른 장년 전문가들과 함께 어깨를 나란히 하며, 방송국용 전문가 카메라로 예배 실황을 중계하며 촬영하고 있었던 것이다. 더 놀라운 것은 전문가들 만이 만질 수 있을 것 같은 방송용 카메라를 어린 학생에게 맡겼다는 사실이었다.

이 경험은 필자의 인식 변화를 가져오는 계기가 되었다. 보통 교회 방송실에서 미디어 사역을 돕는 봉사자를 구한다고 하면, 미디어 관련하여 지식과 소질이 있는 청년들이나 미디어 관련 직업을 가지고 있는 장년들로 구성하곤 했다. 하지만 미국에서의 특별한 경험을 바탕으로 새로운 시도를 했다. 미디어 사역에 함께 하고 싶어하는 중고등부 학생들을 찾아 함께 봉사할 수 있게 한 것이다. 나이가 어리더라도 잘 훈련된다면 미국에서 보았던 그 학생과 같이 방송실의 귀한 봉사자로 섬길 수 있을 것이라 확신했기 때문이었다. 그렇게 함께 봉사했던 중고등부 학생 중 한 명은 현재 영화제작 관련 학과에 들어가서 미디어 전문가로 준비하고 있고, 지금도 함께 방송실에서 봉사하고 있다. 또 다른 학생은 현재 목회자가 되어 하나님 나라의 확장을 위해 헌신하여 사명을 감당하고 있다.

이 책을 읽는 독자들에게 제안하는 것은 미디어 사역을 혼자 다 하려고 하지 말라는 것이다. 교회의 효율적이고 활발한 미디어 사역을 위해서는 한 명의 사역자에게 전담시켜 사역을 맡기는 것이 아니라, 목회자를 중심으로 미디어에 관심 있는 성도들을 모아 미디어팀을 만들어 운영할 것을 추천한다. 미디어 사역은 혼자 하다 보면 쉽게 지치게 되고, 현장에서 일어나는 다양한 이슈들에도 대처하기 어려워진다. 성도들과 함께 교회에 맞는 미디어 사역에 대해 고민하고, 작은 부분부터 함께 하기를 권한다. 이 사역은 청년이나 장년들만 할 수 있다는 생각을 내려놓자.

교육 부서에서 아이들과 예배를 드릴 때도 목회자와 선생님만 준비하기보다 아이들을 미디어팀에 참여시켜 보길 바란다. 앞서 언급한 게이트웨이 교회의 경우 찬양팀이 찬양한 후 담임 목회자가 말씀을 선포하기 위해 강단으로 들어올 때, 일사불란하게 보면대를 정리하는 스텝들은 모두 어린 학생들이었다. 이 학생들은 미디어팀으로 훈련받고 있음이 분명했다. 그들을 보며 방송용 카메라를 잡고 멋지게 메인 예배를 중계하던 학생도 처음에는 보면대를 나르는 일로부터 시작했을 것이라는 생각을 했다. 그들의 모습이 참 귀해 보였다. 학생들이 예배의 스텝으로 무대에 올라 보면대를 나르는 일은 결코 하찮은 일이 아니다. 예배를 섬기는 귀한 일이고, 그들에게는 훌륭한 훈련의 장이다. 그리고 하나님께서는 그 섬김을 기쁘게 받으셨으리라 믿는다.

어리지만 함께하고 싶은 학생들을 미디어팀으로 합류시켜 주고, 그들에게 작은 일로부터 시작해서 그들이 감당할 수 있는 봉사의 영역을 점차 넓혀 준다면 그들은 교회에 귀한 봉사자로 성장하게 될 것이다. 지금 섬기고 있는 교회의 미디어 사역을 상상해 보라. 만약 4년 전부터 중학교 2학년 학생을 귀한 봉사자로 교육하고 성장시켰다면, 그 학생은 지금 교회의 귀한 봉사자로 사역하고 있을 것이다.

미디어 교육의 기회는 목회자에게 꼭 필요하다. 하지만 교회를 위해서라면 미디어팀을 이루어 함께 교육받을 기회를 주기를 추천한다. 필자의 연구소에서는 아카데미를 개설할 때, 목회자와 더불어 꼭 성도 한 명이 함께 등록하도록 권유한다. 그 이유는 미디어 사역을 맡은 목회자가 교회를 떠나게 된다면 그 자리를 맡아 사역을 이끌어 갈 인력이 없어지기 때문이다. 미디어 사역에 관심이 있는 성도들이 함께 강의를 듣는다면, 그 인원은 교회에 소중한 봉사자로 쓰임 받게 될 것이다.

한 교회로부터 미디어팀의 영상 제작 강의를 요청받았다. 미디어 사역에 함께 하기로 마음을 모은 성도들을 온라인으로 만나 교육해달라는 요청이었다. 그들은 한 번도 영상편집을 배워본 적이 없는 성도들이었지만 5주의 교육을 성실하게 받았다. 그렇게 교육받은 학생의 절반 이상은 현재 각자의 부서와 교회 미디어 사역에 협력하고 있다는 소식을 전해 들었다. 이런 일이 어떻게 가능했을까? 교육을 받았다고 해서 바로 현장 사역에 투입될 만한 실력이 되지는 않는다. 하지만 교회는 이들에게 섬길 기회와 장을 마련해 주었다. 또한 이들은 팀을 이루었기에 서로에게 힘이 되어줄 수 있었고, 시간을 함께 보내며 훌륭한 미디어 사역 동역자들로 성장할 수 있었다.

미디어 사역은 많은 공부가 필요하다. 그러기에 교회는 그들의 성장을 돕기 위한 노력과 지원을 아끼지 말아야 한다. 기독교 단체에서 하는 미디어 세미나를 비롯하여, 전문 미디어 세미나를 들을 수 있도록 지원하고, 다양한 미디어 전시전에도 함께 방문할 수 있게 돕는다면 탄탄한 미디어팀으로 잘 성장할 수 있을 것이다. 필자가 사역하고 있는 교회에서도 매년 미디어 봉사자들과 함께 KOBA(국제음향&영상전시전)와 메타버스 전시전, P&I(서울국제사진영상전)와 같은 미디어의 흐름과 전문기기들의 경향을 볼 수 있는 전시전을 방문하고, 방송팀 자체 세미나를 개최하는 등 미디어팀의 성장을 위해 노력하고 있다.

마지막으로 미디어팀을 구성하면서 잊지 말아야 할 것들이 있다. 모든 분야가 마찬가지이지만 특별히 미디어 분야는 계속해서 공부해야 한다. 빠르게 변하는 현대 사회에 발맞춰 가려면 끊임없는 연구를 통해 기술력을 쌓아야 예배를 잘 도울 수 있다. 또한 미디어 사역을 담당하는 이들은 먼저 예배자로 서야 한다. 방송실을 지성소와 같이 여기며 온전하게 예배자가 된다면, 어디에서도 하나님을 예배할 수 있는 예배자가 될 것이다. 방송실은 도피성이 아니다. 미디어 사역을 하는 이들은 중보자와 같이 하나님과 성도들을 연결하는 매개자임을 잊지 않도록 노력해야 한다.

1

우리교회는
어떤 플랫폼을 선택할 것인가

>> 디지털 플랫폼 시대

전세계적으로 메타버스의 인기가 뜨겁다. 디지털 기술이 발달함에 따라 메타버스는 5차 산업의 핵심으로 여겨졌다. 우리나라도 여러 분야에서 메타버스를 적극적으로 활용하였다. 신입사원 연수나 유명 대학에서의 신입생 오리엔테이션을 메타버스 공간에서 진행하고, 메타버스 상에서 유명 가수의 신곡 공개 등 다양한 분야에서 메타버스의 가능성을 보여 주었다. 지금은 메타버스가 마치 하향세인 것처럼 생각하지만, 앞서 언급한 것들은 AR이라고 불리는 '증강현실'이다. 반면에 애플(Apple) 사에서 출시한 '비전 프로(Vision Pro)'나 메타에서 출시한 '오큘러스 퀘스트3(Oculus Quest3)' 등 혼합현실을 경험하게 하는 메타버스의 한 종류인 MR(Mixed Reality)의 발전은 오히려 가중되고 있다.

이런 메타버스(AR 형태의 증강현실)의 흥행은 어떻게 가능했을까? 그것은 바로 메타버스 '플랫폼'(Platform)이 있었기 때문이다. BTS는 '포트나이트'(Fortnite)라는 메타버스 게임 공간에서 신곡 'DYNAMITE'의 안무 버전 뮤직비디오를 최초로 공개했다. 네이버는 신입사원 연수를 자체 메타버스 플랫폼인 '제페토'(Zepeto)에서 진행하였으며, KB국민은행은 메타버스 플랫폼 '게더타운'(Gather Town)에서 체험관을 오픈했다. 많은 대학교들도 게더타운에서 신입생 예비 대학을 개설하여 대학생을 위한 특강, 선배들과의 만남 등의 다양한 행사를 진행하였다. 이런 플랫폼들이 있었기에 다양한 시도와 함께 메타버스는 발전할 수 있었다.

우리가 사는 이 시대를 '디지털 플랫폼 시대'라고 말하기도 한다. 앞서 이야기한 메타버스를 제외하고도 우리의 일상생활 많은 디지털 매체들이 플랫폼으로 운영되고 있기 때문이다. 전자상거래 뿐 아니라 메신저, 교육, 숙박, 음식 배달, 영화, 금융 등 다양한 플랫폼이 우리도 모르게 이미 일상이 되어 버렸다. 손님을 집에 초대하면 음식을 배달 시키는 것이 이젠 익숙하다. '배달의 민족', '쿠팡이츠', '요기요' 등의 배달 앱을 통해 음식을 쉽게 배달시킨다. 우리는 이미 배달 플랫폼을 자연스럽게 이용하고 있는 것이다. 우리가 잘 아는 '유튜브'(Youtube)는 영상 공유 플랫폼이다. '카카오톡'은 메신저 플랫폼이며, '페이스북'(Facebook)은 소셜네트워크 플랫폼이다. 우리는 이미 플랫폼과 함께 살아가고 있다.

>> 플랫폼이란?

'플랫폼'(Platform)의 사전적 의미는 '역에서 기차를 타고 내리는 곳'이란 뜻이다. 과거 기차가 머물렀던 플랫폼은 수많은 사람이 모이는 장소였다. 생생한 정보가 교차하는 지점이기도 했고 자신의 물건을 팔기 위해 기차에 몸을 실어 이동하는 곳이기도 했다. 19세기 유럽의 기차역은 증기 기관차로 수많은 물건과 인적 자원을 실어 날랐다. 이를 통해 산업혁명을 이끌어가는 주역이 될 수 있었다.

그리고 이제 4차 산업혁명의 시대가 확산되면서 이 플랫폼의 역할은 디지털 네트워크 세계로 옮겨갔다. 애플, 구글, 아마존, 페이스북, 카카오와 같은 기업이 구축한 플랫폼 네트워크를 통해 사람들이 모이고, 상품과 서비스가 거래되기 시작한 것이다. 이렇듯 많은 기업들은 생태계를 이끌어갈 플랫폼을 만들고 소비자들이 이용할 수 있게 하기 위해 노력하고 있다. 왜냐하면 어떤 비즈니스보다 큰 이익을 얻을 수 있는 구조이기 때문이다.

기업들은 자신들의 수익을 위해 자체적인 기술 개발과 생산, 판매에 집중하기보다 전 세계에 있는 사람들이 소비자이면서 생산자가 될 수 있도록 플랫폼을 지원한다. 기업이 직접 물건을 판매하는 것은 한계가 있기에 이 물건 판매를 대신하는 판매자들에게 일정의 수익금을 나누고 누구나 판매할 기회를 마련해 준다. 이전에는 자신들의 대리점 점주들에게 물건을 팔게 하고 수익금을 나누었다면 이제는 소비자 또한 판매자가 될 수 있는 구조들 만든 것이다.

또한 기업이 생산한 물건 뿐 아니라 개인이 제작한 물건을 쉽게 팔 수 있는 시대가 되었다. 어떻게 가능할까? 우리들의 할머니 시대에는 집에서 재배하였던 채소를 캐어 장이 서는 날 들고가서 직접 판매했다. 그러나 이제는 직접 움직이지 않아도 된다. 디지털 시장인 플랫폼 마켓에서 판매하면 된다. 우리가 잘 알고 있는 옥션, 지마켓, 11번가, 네이버 쇼핑 등 누구나 판매자로 등록하여 개인의 생산물이나 창작물을 인터넷상에 올려 판매하면 된다(온라인 판매 사업자 신고는 필수이다). 이를 통해 농장에서 바로 재배된 좋은 과일도 중간 도매상을 거치지 않고 저렴한 가격에 맛볼 수 있게 되었다. 이 모든 것이 디지털 플랫폼을 통해 가능해졌다.

>> 재정적 절감과 활용의 폭이 넓은 플랫폼

우리는 잘 만들어진 플랫폼을 무료 또는 저렴한 가격으로 사용할 수 있는 시대에 살고 있다. 이런 플랫폼을 통해 과거 큰 비용을 들여야만 가능했던 다양한 일들을 이젠 저렴한 비용으로 할 수 있게 되었다.

과거에는 교회에서 홈페이지를 제작하고, 설교 영상을 제공하기 위해서는 영상 서버 구축이 필요했다. 서버 구축 비용은 워낙 비싸고, 관리도 어려워 교회들은 매월 많은 비용을 사설 업체에 지불하면서 성도들에게 영상을 제공하였다. 그러나 이제는 비싼 서버를 구입하거나 매월 비용을 내지 않더라도 교회의 성도들에게 영상을 제공할 수 있는 다양한 영상콘텐츠 플랫폼들이 생겨났다. 많은 교회들이 유튜브(Youtube)를 통해 개교회의 채널을 개설하고, 실시간 온라인 방송 송출과 자체적으로 제작한 영상들을 성도들이 볼 수 있도록 제공하게 된 것이다. 유튜브 채널의 영상 아카이브(저장) 기능, 실시간 온라인 송출 기능 등은 과거 유튜브 플랫폼이 없던 시절로 생각해 보면 어마어마한 비용이 들어갈 일들이다. 이처럼 플랫폼을 이용하면 교회는 홍보와 교회 사역을 위한 비용을 낮추면서 양질의 콘텐츠를 생산할 수 있다.

또 하나의 예로, 미디어 제작 전문 프로그램이라 하면, 어도비(Adobe)사의 포토샵(Photoshop)과 프리미어(Premiere), 일러스트레이터(Illustrator), 애플(Apple)사의 파이널 컷 프로(Final cut pro) 등이 있다. 그런데 우리에게 잘 알려진 이 전문 프로그램을 대신할 플랫폼이 하나 둘 등장하기 시작했다. 이것은 시대의 흐름을 따라 전문 프로그램들을 사용하지 않고도 어떻게 하면 더 많은 소비자가 쉽게 콘텐츠를 생산할 수 있을지를 고민하며 개발한 결과이다.

이제는 포스터를 포함한 다양한 디자인 출력물을 제작할 때 기존의 포토샵과 같은 전문 프로그램을 사용하지 않고도 '미리캔버스'라는 플랫폼을 활용하여 멋진 창작물을 제작할 수 있다. '미리캔버스'뿐 아니라 '캔바'(Canva)나 어도비 사의 '어도비 익스프레스'(Adobe Express)등과 같은 '디자인 플랫폼'(Design Platform)을 잘 활용한다면 교회 안에서 필요한 영상과 디자인 작업을 누구나 수월하게 할 수 있게 되었다.

과거에는 교회 홈페이지에 자유게시판, 은혜 나눔 게시판 등 성도들이 직접 글을 올릴 수 있는 게시판들이 있었다. 이런 것들이 교회에 주는 유익도 있었 지만, 이로 인한 어려움이 있었던 것도 사실이다. 요즘 홈페이지의 추세는 변 하고 있다. 개인의 글을 올릴 수 있는 게시판을 찾기가 쉽지 않다. 홈페이지는 교회에 관심 있거나 정보를 보고싶어 하는 이들에게 교회를 소개하는 차원으 로 변화되었다. 이 또한 커뮤니티를 위한 대안 플랫폼들이 나왔기에 가능해진 일이기도 하다.

인터넷이 발달하면서 초기에는 '다음 카페', '네이버 카페' 등이 커뮤니티의 성격을 띤 플랫폼으로 자리 잡았다면, 지금은 조금 더 직관적이고 간편한 '네이버 밴드'(Naver Band)가 교회에서 활용할 수 있는 플랫폼으로 자리잡고 있다. 전자의 경우 스마트폰으로 접속 시 너무 많은 메뉴로 복잡한 모습을 띠고 있다면, '네이버 밴드'는 '페이스북', '인스타그램'과 같이 시간의 흐름에 따라 게시물이 축적되는 블로그 형태로, 게시판을 찾는 수고로움 없이 최신의 뉴스를 최상단에서 볼 수 있게 되었다. 스마트폰에 알림이 오면 첫 화면에서 최신 교회소식을 바로 볼 수 있다.

요즘은 어떤 모임이든 '네이버 밴드'를 통해 커뮤니티를 형성하는 것이 일상이 되었다. 학교에서는 '네이버 밴드'를 '온라인 수업 플랫폼'으로 활용하여 클래스를 구성하고 출석체크부터 자료 업로드, 동영상을 시청했는지 확인하는 시스템까지 교사들이 함께 공유하며 사용하고 있다.

이런 플랫폼들은 가격이 무료이거나 적은 비용으로 부담 없이 이용할 수 있고, 처음 사용하는 사용자들에게도 어렵지 않은 인터페이스를 제공함으로 많은 사람들에게 사랑받고 널리 사용되고 있다. 그렇기에 이런 플랫폼을 교회 사역에 접목하여 활용할 수 있다면, 큰 예산을 들이지 않고도 사역의 영역을 넓힐 수 있는 귀한 도구가 될 수 있을 것이다.

>> 디지털 리터러시(Digital Literacy)

'디지털 리터러시'(Digital Literacy)라는 단어가 새롭게 등장했다. 디지털 리터러시 또는 디지털 문해력으로 표현되는 이것은 다양한 디지털 미디어를 접하면서 정보를 찾고, 소통하고, 활용하는 능력을 말한다. 이 개념은 과거에는 컴퓨터를 활용할 수 있는 능력에 대해 논할 때 사용되었지만, 이제는 스마트폰을 포함한 모든 디지털 기기들을 활용할 수 있는 능력을 뜻한다. 요즘은 문자를 읽는 것만으로 까막눈을 벗어났다고 할 수 없다. 디지털 세상에서는 디지털 기기를 이해하고 사용할 줄 아는 능력이 필요하다.

플랫폼도 마찬가지이다. 누군가는 카카오톡을 문자를 주고받는 정도로만 사용하고 있다면, 디지털 리터러시가 높은 사람들은 카카오톡에 있는 톡비서 '죠르디'를 활용하여 일정을 관리하고, 예약 메시지를 보낼 뿐 아니라, 브리핑 보드를 통해 해야 할 일들을 빼놓지 않고 관리할 수 있게 되었다.

이 디지털 리터러시의 차이가 극명하게 나타났던 때가 있었다. 바로 이번 코로나 팬데믹으로 인해 교회에 모여 예배를 드리지 못했던 때이다. 사이즈가 작은 교회라 할지라도 사역자의 디지털 리터러시가 높은 목회자들은 플랫폼을 적절하게 활용하여 코로나로 인한 어려움을 잘 헤쳐 나갈 수 있었다. 그리고 큰 교회들보다 온라인에서 다양한 사역들을 펼쳐 나갔다. 이제는 장비를 탓하면 안 되는 시대이다. 디지털 리터러시를 키워 나에게 주어진 디지털 기기와 플랫폼들을 적절하게 잘 활용할 수 있다면 사역의 영역은 얼마든지 다양하고 풍성하게 만들어 갈 수 있다.

>> 지혜로운 플랫폼의 선택이 필요

교회는 플랫폼들을 지혜롭게 선택하고 활용하기를 추천한다. 하나의 플랫폼을 개발하기 위해서는 수많은 개발자들의 인력과 재정이 들어가게 되지만 이미 대형 기업들을 통해 제공되는 플랫폼을 잘 활용만 할 수 있다면 이를 통해 지속해서 지출되는 재정의 절감을 가져올 수 있고, 관리 유지를 직접 할 수 있어 교회로서는 큰 도움을 받을 수 있다.

또한, 플랫폼에 대해 어렵게 생각하지 않기를 바란다. 이미 우리의 일상생활에서 사용하고 있는 것들이다. 앞서 말한 유튜브도 플랫폼이고, 네이버 밴드, 카카오톡, 줌, 페이스북, 인스타그램 등 스마트폰으로 쉽게 접근할 수 있는 디지털 플랫폼 시대를 이미 살고 있다. 디지털 리터러시를 늘리기 위해 조금 더 공부하고 연구한다면 플랫폼은 교회의 사역에 다양한 방법으로 활용될 수 있을 것이다.

2

콘텐츠 생산의 첫 단계
저작권

>> 저작권을 먼저 생각해야

필자의 연구소는 미디어에 대한 교회들의 다양한 사례들을 함께 고민하며 해결해 주고 있다. 그 중 가장 어려운 부분이라면, 바로 저작권에 관련된 문제이다. 영상, 음향, 방송에 대한 것이면 속 시원하게 해결해 주거나 대안을 제시해 줄 수 있지만, 법적인 문제가 걸린 저작권에 대한 부분은 쉽게 도와주기가 어려운 것이 현실이다.

교회는 법적인 문제에 얽히기 전에 먼저 교회가 처한 현실을 점검하고, 바른 방향으로 나아가려 노력하는 것이 필요하다. 교회 사역에 유용한 플랫폼들을 소개하기에 앞서 저작권에 관련된 이야기를 먼저 나누려는 것은 미디어 사역에서 발생할 수 있는 어려움을 방지하고자 함이다.

교회 미디어 사역에서 무엇보다 저작권을 먼저 생각해야 한다. 과거에는 교회뿐 아니라 사회에서도 저작권에 대한 인식이 매우 낮았다. 저작권에 대한 논의가 활발하게 이루어지고 창작자의 권리를 찾아주고 보호해 주기 시작한 것은 그리 오래되지 않았다. 그러나 무분별한 저작권 침해로 창작자의 활동이 위축됨을 인식하기 시작하였고, 그로 인해 저작권을 지켜주려는 인식과 노력이 높아지고 있는 것이다. 그러나 그런 존중의 마음과 달리 개인의 이익을 위해 소송을 걸어오는 경우도 허다하다.

요즘, 저작권을 위반했다는 법무 법인의 내용증명 우편물을 받는 교회가 늘고 있다. 홈페이지에 게시한 교회 로고의 폰트, 유튜브에 올린 사진 이미지가 저작권을 위반한 무단 사용이라며 내용증명을 보내는 예도 있다. 법무 법인으로부터 내용증명을 받으면 지금까지 문제없이 사용했던 많은 것이 법적으로 문제가 된다는 사실에 당황하게 된다.

>> 저작권에 대한 이해

저작권이 무엇이길래 생각지도 못한 부분에서 법적인 문제가 발생하는 것일까? 알파 위키에서는 저작권에 대해 이렇게 기술한다. "인간의 사상 또는 감정을 표현한 문학, 예술, 학술에 속하는 창작물에 대하여 저작자나 그 권리 승계인이 행사하는 배타적, 독점적 권리이다. 즉, 저작자 또는 창작자의 권리를 보호해 주는 것"이다.

한 가지 예를 들면 쉽게 이해할 수 있을 것이다. 친구의 물건을 빌릴 때, 우리는 보통 "이것 써도 돼?"라고 묻는다. 내 물건이 아닌 다른 이의 물건을 사용할 때 사용 허락을 받아야 하는 것처럼 다른 사람의 창작물에 대한 사용 허락이 필요하다. 보통 인식으로는 저작권이라 하면 벌금과 관련되어 있다는 생각이 먼저였다. 하지만 이런 인식의 변화가 필요하다. 저작권은 저작물 또는 창작물에 대한 사용의 허가를 받는 것이다.

>> 저작권 위반에 해당하는 요소

교회가 저작권을 위반하는 사례에는 어떤 것이 있을까? 창작자의 허락 없이 음원이나 가사를 사용하는 것은 저작권 위반이다. 현장 예배 때에도 마찬가지다. 찬양팀에서 악보를 복사해 사용하거나 악보 파일을 공유하는 것도 저작권 위반이다. 홈페이지에 배너나 광고를 올릴 때 사용하는 이미지 또한 저작권을 소유하고 있지 않다면 이 부분도 위반 사항이다.

폰트 사용에서도 많은 교회가 알지 못한 채 위반 사항에 해당하여 어려움을 겪고 있다. 우리가 잘 알고 있는 '한글과 컴퓨터' 사의 '한글' 프로그램을 설치하면 기본 폰트가 함께 제공된다. 그러나 '한글과 컴퓨터'사에서 제공하는 폰트는 한글로 문서를 작성하는 경우를 제외하고, 다른 프로그램에서 사용하거나 그것을 인터넷상에 게시하는 것은 저작권 위반 사항이 된다. 온라인으로 영상을 송출할 때도 저작권자에게 허락받지 않은 폰트를 사용하여 송출하면 이 또한 위반 사항이다. 한 사례로 A 교회에 법무 법인으로부터 'DX새날'체에 대한 내용 증명이 왔다. 인터넷에 검색 해보면 'DX새날'체는 무료 폰트로 블로그에 많이 업로드된 서체다. 무심코 보면 사용 범위가 무료이기에 사용해도 되는 것으로 생각할 수 있으나, 그 '사용 범위'를 확인해야 한다. 이 폰트는 개인이 비상업적인 용도로 사용할 때만 무료 사용할 수 있는 서체이다. 개인 사용자가 아니라면(기업, 교회) 라이센스를 구매해야 한다. 무료 서체라고 해서 아무 생각 없이 다운받아 사용하면 저작권 문제로 어려움을 겪게 된다. 교회는 개인이 아니고 단체임을 잊지 말아야 한다.

위반되는 몇 가지 사례를 설명했지만, 이 모든 저작권 사용 권리를 취득하기는 참 쉽지 않은 일이다. 그러나 분명한 것은 앞으로는 저작권을 보호하는 법이 더 강화될 것이기에 교회는 저작권에 대한 인식 개선과 함께 저작권을 지켜 사용하려는 노력과 예산 편성이 필요함을 인식해야 한다.

>> 저작권에 침해되지 않는 대안들

저작권을 침해하지 않고 교회에서 사용할 수 있는 플랫폼 사이트 몇 가지를 추천하려 한다. 필자가 추천하는 것이 저작권의 모든 것을 해결하는 방법이 될 수는 없으나, 작은 교회에 도움이 되기를 바라고, 중형 이상의 교회는 저작권에 관련된 예산을 편성하여 교회 스스로를 지키는 노력을 해 가길 바란다.

저작권 프리 무료 폰트 모음 플랫폼 "눈누"

상업적으로 이용할 수 있는 무료 한글 폰트를 다운받을 수 있는 사이트가 있다. 바로 '눈누'이다. 이 폰트 모음 플랫폼은 상업적으로 사용할 수 있는 무료 폰트를 다운로드할 수 있도록 모아둔 사이트이다. 사용을 원하는 폰트를 클릭하면 해당 폰트의 라이센스 정보를 한눈에 볼 수 있도록 게시하여 사용 범위를 미리 알

고 사용할 수 있다. 저작권에 자유로운 폰트를 사용하고 싶다면 '눈누'를 사용
해 보길 추천한다.

폰트에 대한 어떠한 소송도 하지 않겠다 선언한 "산돌구름"

요즘 많은 기업이 저작권에
자유로운 폰트를 일반인도
사용할 수 있도록 제공하는
추세이다. 하지만 정작 원
하는 모양의 서체는 대부분
유료인 경우가 많다. 그래서

필자도 현재 유료 구독 서체인 '산돌구름'의 폰트를 사용 중이다. 일반적인 폰
트는 라이센스 비용에 따라 사용할 수 있는 범위가 제한되어 있지만, 산돌구
름은 소송 없이 모든 사용 범위를 지원하는 '폰트 사용 범위 통합 캠페인'을 진
행하고 있어 산돌구름(유료 서비스)의 모든 서체를 어느 곳에서든 자유롭게 사용
할 수 있다. 유료 서비스를 이용하지 않더라도 회원가입 후 산돌구름을 설치
하면 국내의 무료 폰트들을 찾아다니지 않고 한번에 설치 할 수 있어 무료 폰
트 사용에 큰 도움이 된다.

저작권 프리 무료 이미지 플랫폼

교회에서 가장 많이 사용하는 미디어 형태는 이미지이다. 간단한 포스터나 소
식지 등 이미지가 들어가지 않는 곳은 없다. 아래에 추천하는 사이트는 저작
권에 침해되지 않는 이미지 플랫폼 사이트이다. 이 사이트들을 활용하는 것도

좋은 방법이다.

픽셀스(http://pexels.com)

가장 인기가 많은, 저작권 없
는 무료 이미지 사이트이다.
로그인이나 회원가입 없이도
원하는 키워드로 검색하여 나
오는 이미지들을 무료로 다운
받아 사용할 수 있다. 이 사이
트는 이미지뿐 아니라 동영상도 무료로 다운받을 수 있다.

콘텐츠 : 사진, 영상   회원가입 : X   라이센스 : CCO   출처표기 : X   상업용도 : O

언스프레시(https://unsplash.com)

자연, 사람, 건물, 비즈니스 등
다양한 주제를 기반으로 이미
지 출처를 표기할 필요 없이 상
업적으로 사용할 수 있는 고화
질 이미지를 제공하는 사이트
이다. 모바일에서도 쉽고 편하
게 다운받을 수 있도록 앱을 출시했다. '교회'라는 단어로 검색 하면 1만장 이상의
사진이 나올 만큼 풍부한 자료를 제공하는 사이트이다. 유료회원과 무료회원에게
제공하는 자료의 차이가 있다.

콘텐츠 : 사진   회원가입 : X   라이센스 : CC0   출처표기 : X   상업용도 : O

픽사베이(http://pixabay.com)

픽사베이는 이미지를 많이 사용하는 이들에게 유명한 사이트이다. 수백만 개가 넘는 무료 이미지 리소스를 포함해 일러스트, 비디오, 음악 등의 소스를 제공한다.

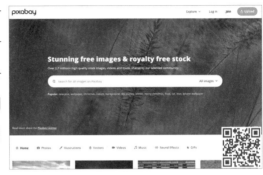

콘텐츠 : 사진, 영상, 음원, 일러스트   회원가입 : X   라이센스 : CC0   출처표기 : X
상업용도 : O

위에 소개한 이미지 플랫폼의 이미지들은 **CC0**(Creative Commons Zero)**라이센스**
이다. 이것은 저작권 보호기간이 지났거나 저작자가 기부한 저작물로 상업적
용도로 사용할 수 있으며 출처를 밝히지 않아도 사용할 수 있는 라이센스이다.
하지만 이런 CC0 라이센스도 주의해야 할 부분이 있다. 위 사이트 모두 재배포
나 이미지 판매(원본 이미지, 원본 이미지 인쇄나 포스터 판매)는 불가능하다. 또한 다운받
은 이미지를 특정 브랜드에 이용해서도 안 되며, 인물이 포함된 이미지는 부정
적으로나 불쾌한 곳에 사용해서는 안 된다고 라이센스 사항에 기록하고 있다.

위 사항만 잘 지킨다면 교회에서 다양한 곳에 활용할 수 있다. 이 외에도 다양한
이미지 다운 플랫폼이 있다. 다른 이미지 플랫폼의 CC0 라이센스라도 각 사이

트의 저작권 범위를 잘 확인하고 사용하기 바란다.

영상 제작에 사용할 수 있는 무료 음원

영상 제작에 음악 사용은 매우 중요한 요소다. 영상의 음원 저작권 문제는 교회 뿐만 아니라 영상을 전문적으로 제작하는 회사나 유튜버에게도 중요한 사안이다. 그래서 유튜버의 자유로운 음원 사용을 위해 '아트리스트'(Artlist)나 '셀바이뮤직'(Sellbuymusic), '비지엠팩토리'(Bgmfactory) 같은 유료사이트가 등장하기 시작했다. 일정 비용을 내면 사이트에서 제공하는 모든 음원을 저작권 문제없이 사용할 수 있다. 단 모두 월간 구독 형태로 제공하고 있다. 무료로 음원을 사용하고 싶은 교회를 위해 아래 몇 사이트를 추천한다.

유튜브 음악 보관함(https://youtube.com)

유튜브 채널을 개설한 사용자는 누구나 무료로 사용할 수 있는 음원을 다운받을 수 있는 곳이 바로 '음악 보관함'이다. 유튜브 채널의 'Youtube Studio'

에 접속하여 왼쪽 아래에 음악 보관함 아이콘을 클릭하여 원하는 스타일의 음원을 다운받아 사용할 수 있다. 원하는 음악의 장르나 분위기가 있다면 필터링하여 음악을 검색하면 된다.

픽사베이(https://pixabay.com/ko/music)

앞서 언급했던 무료 이미지 다운 사이트인 픽사베이는 무료 음원을 받을 수 있는 좋은 사이트이다. 한글로 검색될 뿐 아니라 필터를 사용하여 제작자가 원하는 스타일의 음원을 검색할 수 있다.

유튜브의 저작권 무료 음원 채널(기독교 성향의 음원 아닌 음악들이 많으나 참고)

NCS (https://www.youtube.com/@NoCopyrightSounds)

Grdnrushmusic (https://www.youtube.com/@grdnrushmusic)

FreeMusicWave (https://www.youtube.com/@freemusicwave)

외에 유튜브에서 '저작권 프리'로 검색하면 다양한 채널들을 검색할 수 있다.

저작권 프리 음악들도 해당 영상의 하단의 저작권 표기 사항을 꼭 숙지해야 한다.

공공누리 사이트(이미지, 음원, 영상, 글꼴 등)

공공누리는 국가, 지방자치단체, 공공 기관이 개방한 공공저작물 정보를 공개한 사이트이다. 저작물별로 적용된 유형별 이용 조건에 따라 저작권 침해의 부담 없이 모두 자유롭게 이용이 가능하다. 출처 표시에 대한 내용을 잘 읽어보고 다운받아 사용하길 바란다. 그리고 문화관광부에서 선정한 안심 글꼴도 이 곳에서 다운 받을 수 있다.

>> 예배 속 저작권

앞서 창작자의 허락 없이 음원이나 가사가 사용되는 것은 저작권에 어긋난다고 언급하였다. 현재 다수의 교회가 저작권에 어긋난다는 사실을 인지하지 못한 채 사용하고 있다. 교회의 음원 사용과 악보 복사와 인쇄, 가사를 화면에 띄우는 모든 행위에 대해 저작물 이용 허락이 필요하다. 교회에서 사용하는 예배 음악의 저작권을 한 곳에서 해결해 주는 곳이 있다. 바로 CCLI(Christian Copyright Licensing International)이다. 1980년대 초반 경배와 찬양 운동이 예배에 큰 영향을 미치기 시작했고, 자연스럽게 찬양곡에 대한 저작권 이슈가 대두되면서 1988년에 CCLI가 설립되었다.

이곳에서 제공하는 라이센스는 '교회 저작권 라이센스'와 '스트리밍 라이센스'가 있다. 온라인 예배를 제공하지 않는 교회라면 '스트리밍 라이센스'를 가입하지 않아도  된다. 하지만 영상으로 예배를 송출한다면 '스트리밍 라이센스'까지 취득해야 한다. 저작권 사용 비용은 1년 단위로 지급하며, 교회는 악보 복사 및 찬양을 스트리밍할 수 있는 이용 권한을 받는다. 비용은 교회의 성도 수에 따라 달라진다.

예배음악 라이센스 비용을 지급하는 것은 교회가 저작물을 사용한 비용을 내는 것에서 끝나지 않는다. 대중음악 작곡가는 음원 수입으로 더 다채로운 음원을 창작할 수 있는 계기가 된다. 교회 저작권 라이센스 역시 찬양사역자의 저작권을 인정하고, 교회가 저작료를 지급함에 따라 더 많은 사역자들이 창작 활동을 풍성하게 하는 계기가 됨을 기억하자.

마지막으로 저작권 침해에 대해 너무 두려워하지 않기를 바란다. 저작권은 앞으로 교통법규처럼 우리가 지켜야 할 보편적이고 자연스러운 것이 될 것이다. 그러기에 저작권 침해에 대한 두려움 때문에 미디어 사역에 대한 자신감이 낮아질 필요는 없다. 앞서 언급한 무료 이미지와 동영상, 음원 사이트 등을 통해서도 자유로운 미디어 제작 활동을 하는 수많은 사람들이 있다. 바라는 것은 앞으로 교회들이 처음에는 무료 소스로 시작하지만 점차 저작권비를 당당하게 지급하고 사역의 여러 분야에 다양한 저작물들을 활용하게 되어 더욱 풍성하고 열매맺는 사역이 펼쳐지길 기대한다.

3

영상 제작을 위한
플랫폼 활용

>> 영상 제작의 변화

과거 영상 제작은 특별한 기술과 재정을 소유했던 전문가의 전유물과 같은 것이었다. 카메라를 비롯한 모든 영상 장비는 고가였고, 촬영용 필름 또한 고가였기에 제작비를 아끼기 위해 연기자에게 더 완벽한 연기력을 요구하기도 했다. 그래서 NG를 잘 내지 않는 연기자를 더 선호했다. 가정용 카메라 또한 고가의 장비여서 그나마 여유 있는 집만 소유할 수 있었다. 더군다나 촬영한 영상을 집에서 편집하는 것은 상상도 못 했다. 그런 시절이 있었다.

그런데 이러한 흐름은 컴퓨터 기술의 발달, 중저가 촬영용 제품 개발, 스마트폰의 탄생, 인터넷 기술의 발달 등에 의해 급격하게 변화하기 시작했다. 중저가 카메라가 보급되면서 개인에게도 영상 제작의 기회가 생기기 시작했고, 컴퓨터의 기술개발로 인해 가정에서 편집이 가능한 시대가 되었다. 그리고 인터넷 속도가 빨라짐으로 인해 제작된 영상을 좀 더 빠르게 공유할 수 있는 시대로 변화하고 있다.

이처럼 특별한 장비와 기술을 보유한 방송국에서만 가능할 것만 같았던 영상 제작의 흐름은 이제 영상 소비자였던 개인으로 옮겨왔다. 그 결과, 유튜브와 같은 거대 영상 플랫폼을 이용한 수백만의 팔로워를 가진 인플루언서(influencer)도 등장하게 되었다. 꼭 인플루언서가 아니더라도 누구라도 원한다면 개인방송국을 운영할 수 있는 시대이다. 이제는 처음부터 대단한 장비를 갖추고 방송하지 않는다. 개인이 사용하는 스마트폰만으로도 준수한 영상을 촬영, 제작하고 영상 플랫폼을 통해 자신의 영상을 공유할 수 있다.

교회 역시 마찬가지이다. 큰 비용을 들여 방송장비를 구축해야만 가능했던 온라인 예배도 이제는 간단한 장비를 통해 가능해졌다. 또한 유튜브 채널을 개설하여 흡사 방송국과 같이 교회 성도들을 비롯하여 인터넷상의 불특정 다수에게 영상을 제공할 수 있게 되었다.

영상 편집의 흐름 또한 달라지고 있다. 개인 유저들도 방송국에서만 사용하던 전문 편집 프로그램들을 한 번에 큰 지출을 하지 않고도 매달 저렴한 비용으로 구독하여 사용하는 형태로 변하였다. 구독 형태의 전문 편집 프로그램뿐 아니라 쉽게 컷 편집과 자막을 넣을 수 있는 무료 프로그램도 계속해서 개발되고 있다. 거기에 영상 제작을 위한 컴퓨터를 구매할 필요도 없는 시대가 되었다. 스마트폰으로 촬영하고, 그 자리에서 편집하여 온라인에 업로드할 수 있다. 이제 스마트폰만 있으면, 촬영자가 있는 곳이 편집실이자 방송국이 된다.

영상 제작의 패러다임이 눈에 띄게 변화하고 있다. AI의 영상제작도 화제이다. AI에게 몇 문장만 적어주면 원하는 영상을 제작해주는 단계에까지 이르게 되었다.

>> 컴퓨터용 무료 영상 편집 프로그램

다빈치 리졸브(DaVinci Resolve)

'다빈치 리졸브'는 영상전문가용 고급 편집 툴임에도 일반 사용자들을 위한 무료 버전을 제공하고 있다. 전문가용 고급 편집 툴이기에 직관적으로 손쉽게 쓸수 있는 '캔바'(CANVA)나 '어도비 익스프레스'(Adobe Express)보다는 많은 학습 시간이 필요하다. 또한 온라인 편집 툴과는 다르게 CPU i5 이상, 16GB 메모리 이상의 고(高)사양 컴퓨터가 요구된다. 영상 편집을 하면서 '프리미어'나 '파이널 컷 프로'와 같은 고급 툴을 배우고 싶으나 프로그램 구매 비용이 부담된다면 '다빈치 리졸브' 활용을 추천한다. 최근 한글 인터페이스가 지원되면서 프로그램에 대한 접근성이 넓어졌다.

아이무비(imovie)

애플에서 제공하는 무료 프로그램이다. 제공하는 템플릿도 직관적이어서 필요한 영상만 넣는다면 근사한 영상을 제

작할 수 있다. 그러나 맥(Mac) 운영체제나 아이폰, 아이패드가 아니면 사용할 수 없다는 단점이 있다. 애플 기기를 사용한다면 한 번쯤 도전해 보기를 바란다.

>> 온라인에서 편집이 가능한 사이트

온라인 영상 편집이 가능한 이유는 인터넷의 놀라운 발전 때문이다. 개인 컴퓨터에서 영상을 편집하던 때를 지나, 이제는 인터넷이 가능한 곳이라면 어디서든지 영상을 업로드하여 제작이 가능하다.

캔바(CANVA) (www.canva.com)

'캔바'는 해외에서 유명한 미디어 제작 플랫폼이다. 캔바는 온라인 편집툴답게 컴퓨터에 프로그램을 설치하지 않아도 된다. '캔바'의 사용법에 대한 튜토리얼 영상이

나올 정도로 그 쓰임새가 다양하다. 다양한 템플릿이 있어서 템플릿 안에 영상과 텍스트를 넣기만 하면 영상을 쉽게 만들어 낼 수 있다. '캔바'에서는 프리젠테이션을 제작하고 그 위에 자기 모습을 합성하여 녹화하는 영상을 제작하기도 편하다. 유료 버전은 매월 구독해야 하지만 무료 버전만으로도 다양한 영상을 제작할 수 있다. '캔바'는 영상뿐 아니라 프리젠테이션 및 포스터, 전단 디자

인 등 다양한 콘텐츠 생산에 활용할 수 있다.

어도비 익스프레스 (express.adobe.com)

'어도비 익스프레스'는 미디어 제작 툴로 가장 유명한 어도비(Adobe)사에서 제공하는 온라인 편집 플랫폼이다. 앞서 말한 '캔바'와 같이 동영상뿐 아니라 디자인 제작도 가능한 멀티 툴이다. 유료 버전을 사용하면 더 다양한 소스를 활용할 수 있지만 무료 이용이 가능한 템플릿이 많이 제공되기에 인스타그램, 페이스북, 트위터, 핀터레스트 등에 '어도비 익스프레스'로 제작한 영상을 편하게 공유할 수 있다. 그러나 정밀한 영상 편집을 지원하지는 않는다.

>> 스마트폰 및 패드용 무료 영상 편집 프로그램

캡컷(Capcut)

'캡컷'은 스마트폰 하나로 촬영부터 편집까지, 한 번에 가능하게 만들 수 있는 강력한 어플리케이션이다. 해외의 많은 인플루언서들이 튜토리얼을 만들어 제공할 만큼 다양한 편집이 가능한 툴이다. 값비싼 프롬프터를 사용하지 않고도 텍스트를 화면에 띄워 놓고 영상 촬영하는 기능도 있어 전문가처럼 영상을

촬영할 수도 있다. 또한, 촬영 후 캡션(자막)을
자동으로 추가하는 놀라운 기능도 지원한다.
편집 시 다양한 효과를 적용할 수 있어 재미있
는 영상 제작도 가능하다. 템플릿을 이용해 다
른 영상제작자가 만든 멋진 영상의 분위기를
따라 만들 수 있다. 프로그램에서 제공하는 음
원으로 영상을 제작할 수도 있고, 스마트폰에
저장되어 있는 음악을 업로드하여 제작하는
것도 가능하다. '캡컷'은 컴퓨터 다운용 편집
프로그램과 온라인 편집도 제공한다.

웨일로(Weilo)

'웨일로'는 모바일 영상편집기
로 유명한 '블로(Vllo)'의 제작자
인 비모소프트사에서 출시한
아이패드 전용 영상편집 어플
이다. 1,700개 이상의 저작권

없는 BGM과 음향효과를 제공하고, 5,000개 이상의 백터이미지를 제공한다.
'블로'는 영상 입문자들의 프로그램이었다면, '웨일로'는 영상 편집에 익숙한
중고급 사용자를 위해 개발되었다. '블로'에서 할 수 없었던 다양한 효과들을
직관적으로 편집할 수 있는 것이 '웨일로'의 장점이다.

영상보기

1. 편집환경 선택하기

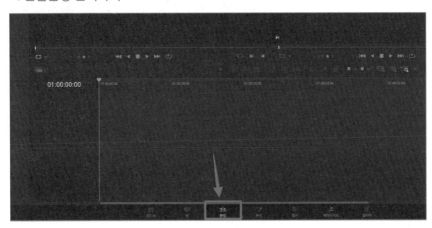

하단에 있는 미디어, 컷, 편집, 퓨전, 컬러, 딜리버 중 '편집' 메뉴를 클릭한다.

2. 영상 불러오기

'파일'의 하위 메뉴 '가져오기'에서 '미디어'를 클릭한다(단축기 Ctrl+I). 탐색기 창에서 원하는 영상을 선택하여 불러온다.

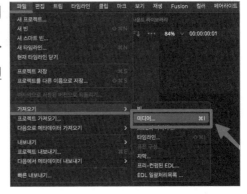

3. 영상 편집을 위해 타임라인에 옮기기

영상을 선택하여, 타임라
인에 영상을 화살표 방향
으로 올려 놓는다. 편집할
영상을 올려 놓으면 노란
색 화살표가 가리키는 것
처럼 새로운 '타임라인'이
만들어진다.

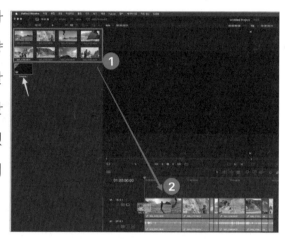

4. 재생, 영상 자르기

 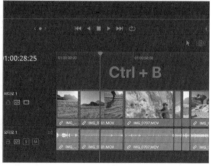

영상을 재생하고 싶다면 스페이스바를 누른다. 한 번 더 누르면 재생이 멈춘

다. 영상을 자를 때에는 타임라인 위 '면도날'을 선택(단축키 B)한 후, 원하는 부분

에 마우스 왼쪽을 클릭하면 영상이 잘린다. 자르고 싶은 부분에 빨간색 라인(인

디케이터)을 옮겨놓고 Ctrl+B를 클릭해서 영상을 자를 수도 있다.

5. 영상 선택하기

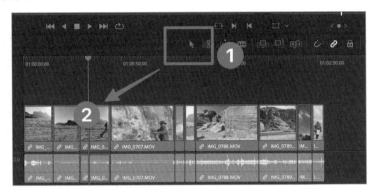

타임라인 위쪽 ❶ '화살표'를 클릭하면 영상을 선택할 수 있다(단축키 A).

6. 영상 삭제하기 1(백스페이스 사용)

'백스페이스' 키로 영상을 삭제할 수 있다. 삭제된 영상만큼 공백이 생긴다.

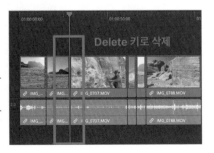

7. 영상 삭제하기 2(Delete 키 사용)

Delete 키로 삭제하면 영상이 삭제된 부분만큼 뒤의 영상이 앞으로 당겨진다. 그래서 Delete 키를 사용하는 것이 편하다.

8. 전환 효과 적용하기(디졸브 사용)

영상과 영상 사이에 전환 효과를 적용하고 싶을 때 왼쪽 상단의 'Effect' 버튼을 클릭하면 아래에 빨간색 상자처럼 이펙트 윈도우가 보이게 된다. '디졸브' 효과 중에서 '부드러운 컷' 이펙트를 선택하여 영상과 영상 사이에 끌어다 놓으면 적용된다.

9. 배경음악 넣기

영상 불러오기(Ctrl+I)와 같이 음원을 불러온 후 오디오 타임라인에 올려 놓으면 음원을 넣을 수 있다.

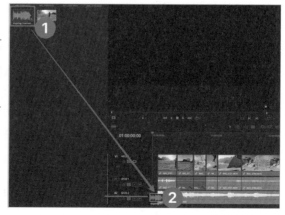

10. 영상 저장하기(출력하기)

컷 편집과 효과 적용을 마치고 나면 이제 영상을 출력해야 한다. 다빈치 리졸브 화면 하단의 '편집' 탭에서 '딜리버' 탭으로 이동하여 진행해야 한다.

❶ 먼저 출력해야 할 영상의 유형을 선택해야 한다. 만약에 유튜브에 영상을 업로드한다면 '유튜브' 아이콘을 클릭하면 된다.

❷ 출력할 영상의 제목을 'file name'칸에 적는다.

❸ '위치'는 출력이 저장될 위치를 정하는 곳이다. '찾아보기' 버튼을 눌러 저장될 위치를 선택한다. 이때 찾아보기 아래 쪽에 있는 설정을 그대로 두면 유튜브에 올릴 수 있는 1080P로 출력이 된다. 만약 4K 사이즈의 영상으로 출력하고 싶다면 유료 버전을 이용해야 한다. 하지만 교회에서 제작하는 영상은 1080P 정도면 충분하다.

❹ 설정 후 '렌더링 대기열 추가'를 클릭한다.

❺ 렌더링 대기열 추가를 누르면 오른쪽에 '렌더링 대기열' 창이 나온다. 빨간색으로 표시된 '전체렌더'를 클릭하면 동영상이 저장된다.

1. 영상 불러오기

첫 화면에서 '새 프로젝트'를 클릭하여 제작을 시작한다(좌측 사진). 편집하기 원하는 영상을 선택하여 '추가'버튼을 클릭한다(우측 사진).

2. 영상의 길이조절, 자르기, 삭제하기

'드레그영역'을 손가락으로 잡고 좌우로 이동하면 영상을 움직일 수 있다(하단사진).

❶ 플레이 버튼이다. ❷ 영상의 길이를 조절하고 싶다면 화살표의 두꺼운 흰색바를 이동시키면 된다. ❸ 영상을 자르고 싶다면 '흰색선'에 자르고 싶은 부분을 선에 옮기고 ❹ '편집'을 클릭하면 하단 메뉴가 변경된다. 변경 된 메뉴에서 '분할'을 클릭하면 영상을 자를 수 있다. 또한 선택한 영상을 삭제하고 싶다면 '삭제'를 클릭하면 된다.

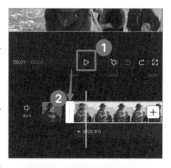

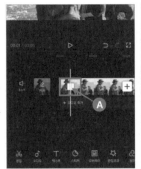 

3. 전환효과 적용하기

디졸브와 같은 전환효과를 적용하고 싶다면, Ⓐ와 같이 영상과 영상이 만나는 지점에 있는 작은 흰색 사각형을 클릭한다. 클릭하면 하단에서 다양한 효과를 적용할 수 있는 창이 올라온다. ❶의 '버블 블러'를 적용하고, 아래 적용하고 싶은 양 만큼 길이를 ❷에서 조절한다. 그리고 ❸을 클릭하면 전환효과가 적용된다.

4. 배경음악 넣기

영상에 배경음악을 넣고 싶다면 '+오디오 추가'를 클릭한다. 그리고 하단의 메뉴바가 변경되면 '사운드'를 클릭한다.

Ⓐ '캡컷'에서 제공하는 음원이다. 음원을 선택하여 영상에 넣을 수 있다.

Ⓑ '장치 내 사운드'를 클릭하면 스마트폰 내의 음원을 영상에 넣을 수 있다.

❶ 음원을 영상에 추가하고 싶다면 클릭한다.

❷ 음원을 즐겨찾기 하고 싶다면 클릭한다.

❸ 음원을 다운받고 싶다면 클릭한다.

5. 자막넣기(자동자막 넣기)

'캡컷'에는 자동 자막 넣기 기능이 있다. 하단의 '텍스트' 버튼을 클릭한다.

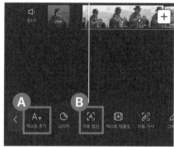

Ⓐ 직접 자막을 넣고 싶을 때 '텍스트 추가'버튼을 눌러 사용한다.

Ⓑ 음성에 맞춰 자동 자막이 생성되게 하고 싶다면 '자동캡션'버튼을 클릭한다.

하단에서 메뉴가 올라오면(세번째 사진), 음성을 인식하기 위해 ❶ '오리지날 사운드'를 클릭 후 ❷ '한국어' 를 눌러 원하는 언어를 선택한 후 ❸ '시작' 버튼을 클릭하면, 자동자막이 생성된다.

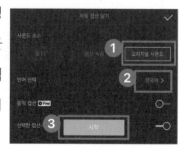

우측그림 ❶과 같이 자동으로 자막이 들어온
다. 이 자막의 스타일은 ❷의 연필모양을 클릭
하면 수정할 수 있다.

자막이 잘못 인식되었다면 A영역을 클릭하여
수정하면된다. ❸를 선택해서 글꼴을 변경할
수 있고, ❻를 선택해서 자막의 스타일을 변경
할 수 있다.

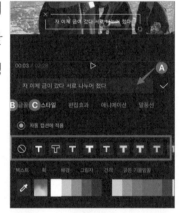

6. 영상저장하기(출력하기)

영상을 저장하는 법은 의외로 간단하다. 화면
의 위쪽 ❶은 영상의 화질은 선택할 수 있다.
HD급으로 저장하고 싶다면 1080P를 선택하
면 된다. 마지막으로 우측 ❷를 클릭하면 편집
된 영상이 스마트폰에 저장된다.

4

영상 공유를 위한
플랫폼 활용

>> 영상 공유 플랫폼이란?

플랫폼(platform)이란 '역에서 기차를 타고 내리는 승강장'을 뜻한다. 최근 들어 영상 공유를 활발하게 하면서 영상 공유 플랫폼이란 말을 사용하는데, 이 뜻은 인터넷을 통해 영상을 업로드하고 다른 사용자와 공유할 수 있는 서비스를 지칭한다. 우리가 잘 알고 있는 유튜브를 비롯해 틱톡, 비메오, 인스타그램 등이 영상 공유 플랫폼이다. 이런 플랫폼들은 다양한 사용자들이 자신의 영상을 업로드하고, 시청하면서 서로의 영상에 대한 의견을 나눌 수 있는 공간을 제공한다. 콘텐츠의 소비자였던 시청자들은 자신의 영상을 업로드하면서 사람들에게 영향을 끼치는 콘텐츠의 생산자요 인플루언서의 역할을 해가고 있다.

이렇게 업로드된 방대한 영상들은 플랫폼을 통해 공유되고 있다. 그로 인해 이전에는 '네이버'나 '다음', '구글'로 검색했었다면 이제는 '유튜브'로 검색하여 원하는 자료를 찾는다. 최근에는 영상 공유 플랫폼이 현대사회를 점령했다는 말을 사용하기도 하는데 유튜브 같은 경우 2022년 모바일인덱스의 분석 결과, 앱 사용자는 4,183만 명, 대한민국의 81%가 월 13억 시간을 사용한다는 통계가 나왔다.

영상 공유 플랫폼은 교육, 기업, 패션, 문화, 마케팅 등 다양한 분야에서 활용되고 있다. 교육 분야에서는 강의 콘텐츠를 제작하여 학생들에게 언제든 강의를 시청하는데 활용하고 있고, 기업에서는 제품 또는 서비스를 홍보하는 마케팅 분야에서도 유용하게 활용하고 있다. 개인적인 취미 활동을 하는 영상을 찍어 자신만의 요리비법이나 다양한 제작 방법 등을 소개하는 데도 활용한다. 이제는 사진과 글로 홍보하던 블로그 시대를 지나 직관적이면서도 효과적으로 제품을 홍보할 수 있는 수단으로 영상 공유 플랫폼을 활용하고 있다. 교회에서도 유튜브와 같은 영상 공유 플랫폼을 적극적으로 활용하여 예배, 보이는 라디오, 구역예배, 말씀 묵상 나눔 등을 진행하는 데 적극적으로 활용하고 있다.

>> 온라인 예배에 대한 우려

영상 공유 플랫폼이 활발하게 이용되면서 생긴 논쟁 중 하나는 온라인 예배가 예배가 될 수 있는지에 대한 신학적인 문제 제기였다. 신학자들과 목회자들은 온라인 예배에 대해 부정적이었다. 온라인 예배는 예배로서 인정할 수 없다는 것이다. 그리고 온라인 예배만을 경험하다 보면 오프라인 예배에 참여하는 성도들이 줄어들 것을 염려하기도 했다. 또한 온라인 상에서 자유롭게 댓글을 남기다 보면 부적절한 발언이나 비난 섞인 발언들로 교회가 어려움 당할 것을 우려하기도 했다.

그러나 이런 온라인 예배에 대한 다양한 논의는 코로나19 사태로 인해 급격하게 줄어들었다. 팬데믹으로 국가적인 차원이 사회적 거리두기와 모임 금지 등으로 교회는 온라인 예배를 도입할 수 밖에 없었다. 이런 어려운 상황에 만약 영상 공유 플랫폼이 활발하게 발달하지 않았다면, 교회들은 온라인으로 예배 영상을 제공하기 위해 큰 비용을 지불 할 수 밖에 없었을 것이다. 재정이 없다면 온라인 예배는 꿈도 못 꾸었을 것이다. 영상 공유 플랫폼이 있었기에 성도들은 자기 집에서 안전하게 예배를 드릴 수 있었고, 교회의 공동체성을 유지할 수 있었다.

더 나아가 교회는 온라인 예배 제공에서 끝내지 않고 다양한 분야에서 영상 공유 플랫폼을 활용하고 있다. 전문 찬양 사역팀은 찬양 영상을 제작하여 유튜브에 업로드하고 공유하여 자신들의 사역을 알리고 새로운 찬양을 널리 알리고 있으며, 교회에서는 설교를 비롯하여 성경공부 영상도 제작하여 업로드하고 있다. 또한 교회에서 진행되는 행사와 예배 등을 실시간으로 송출하여 부득불 참석하지 못하는 성도들에게 온라인으로 참여할 수 있는 기회를 열어주고 있다. 교회의 이런 다양한 시도들은 온라인에만 집중되지 않고 오프라인과 함께 진행하는 올라인(All-Line)의 형태로 발전을 이끌고 있다.

>> 영상 공유 플랫폼의 종류

"유튜브(Youtube)"

유튜브는 가장 큰 영상 공유 플랫폼 중 하나이다. 구글(Google)이 소유하고 있는 유튜브는 온라인 비디오 스트리밍 서비스를 사용자에게 무료로 제공하

고 있다. 유튜브에는 콘텐츠 생산자로 변모한 유튜브 사용자들의 영상이 다양하게 업로드되고 있다. 노래, 영화, TV 프로그램, 교육 콘텐츠, 뉴스, 스포츠 경기 등을 포함한 거의 모든 종류의 비디오 콘텐츠들이 업로드 된다.

온라인 예배를 드리는 많은 교회들은 '유튜브'라는 플랫폼을 선택하고 있다. 이유는 누구나 쉽게 접근할 수 있는 인터페이스와 쉬운 라이브 스트리밍 방법 때문이다. 채널을 개설하면 교회의 방송국과 같이 운영할 수 있기에 독립성을 지닌 홈페이지처럼 채널을 운영할 수 있는 장점이 있다. 유튜브는 한 사람이 여러 채널을 운영을 할 수 있다.

"비메오(Vimeo)"

비메오(Vimeo)는 인터넷에 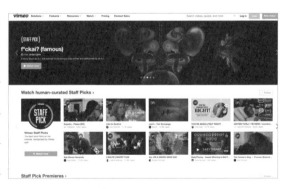 서 동영상을 공유하고 시청할 수 있는 영상 공유 플랫폼이다. 비메오는 유튜브와 유사한 기능을 제공하지만, 더 나은 동영상 품질과 크리에이터 친화적인 서비스로 유명하다.

비메오는 주로 크리에이터들을 대상으로 한 서비스로, 사용자들은 더 창의적이고 전문적인 비디오 콘텐츠를 만들고 공유할 수 있다. 현재 Vimeo는 전 세계적으로 수백만 명의 사용자를 보유하고 있으며, 기업들과 창작자들이 더욱 쉽게 고품질 비디오를 제작하고 공유할 수 있는 플랫폼으로 발전하고 있다. 많은 기능과 용량을 사용하기 위해서는 일정 금액을 지불해야 한다.

"틱톡(Tiktok)"

틱톡(TikTok)은 중국의 Bytedance(바이트댄스)에서 개발된 모바일 영상 공유 플랫폼이다. 사용자들은 10~15분 길이의 짧은 동영상을 제작하고 공유한다. 출시한지 비교적 짧은 시간에 세계 최대의 영상 공유 플랫폼 중 하나로 올라섰다. 미국, 영국에서는 유튜브의 인기를 제쳤다.

틱톡은 사용자들이 더 창의적이고 재미있는 콘텐츠를 만들 수 있도록 다양한 편집 기능과 효과를 제공한다. 알고리즘을 통해 사용자에게 맞는 콘텐츠를 추천하고, 인기 있는 콘텐츠를 발견할 수 있는 기회를 제공한다. 틱톡이 추구하고 있는 짧은 '숏폼'형식의 콘텐츠는 전세계적으로 젊은이들의 인기를 얻고 있다. 틱톡의 숏폼 영상 콘텐츠가 인기를 끌자, 유튜브도 숏폼 콘텐츠 업로드를 지원하기 시작할 정도로 그 인기와 영향력이 대단하다. 하지만, 틱톡은 일부 국가에서 개인정보 보호와 광고의 문제로 논란이 되고 있다. 현재는 다양한 국가에서 이를 해결하기 위해 노력 중이다.

>> 성도들과의 접촉점으로

영상 공유 플랫폼을 통해 펼쳐지는 다양한 시도와 사역들은 마치 바울이 전도 여행을 떠나는 것처럼 우리가 이 시대에 감당해야만 하는 전도와 선교의 영역 이다. 온라인으로 예배를 드리는 상황이 있다 할지라도, 교회와 예배의 본질 은 변할 수 없다. 이미 영상 공유 플랫폼을 통해 교회는 시간과 공간의 제약 없 이 참여할 수 있는 새로운 형태의 예배와 모임을 만들어 갈 수 있었다. 영상 공 유 플랫폼의 활용을 통해 주일 예배 한 번으로 그쳤던 성도들의 신앙생활은 언 제든 찬양을 듣고 말씀을 들으면서 삶과 더욱 깊이 연결될 수 있는 새로운 기회 를 얻게 될 것이다.

유튜브 채널 개설하기

1. 유튜브 채널 개설하기

[채널 만들기]

유튜브의 우측 상단에 ❶자신
의 유튜브 로그인 아이디 누른
다 ❷ 하단 메뉴의 '채널 만들
기'를 클릭한다.

[내 프로필 설정]

내 프로필 창에서 ❶ 원하는
이미지를 업로드 하고, ❷ '이
름'란에 원하는 채널명을 적
는다. ❸ '핸들'은 유튜브에서
사용하는 채널의 고유한 아
이디이다. 유튜브 채널 주소
를 공유하기 위해서는 긴 영

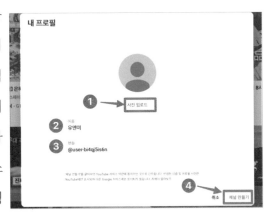

문주소를 사용했다. 이제는 고유한 아이디 핸들을 사용할 수 있어 자신의 채
널을 소개할 때 @youtube 와 같은 형태로 자신의 핸들명만 알려주면 된다. ❹
'채널만들기'버튼을 클릭하면 채널이 생성된다.

2. 채널 설정하기

[기본정보설정]

채널이 개설되면 채널 설정을 위해 '채널 맞춤 설
정'을 클릭한다.

'기본정보' 탭은 교회나 개인의 정보를 입력함으로써 채널에 고유성을 부여할
수 있다. ❶ '기본정보'를 클릭하자. ❷ '이름' 란에 원하는 채널 이름을 적으면
그것이 내 채널명이 된다. 앞서 작업한 '내 프로필 설정'에서 적은 이름을 그대
로 사용할 것이면 그대로 두자. ❸ 채널의 고유한 아이디인 핸들을 설정한다.
❹ 채널을 소개할 내용을 기록하면 채널을 방문한 이들에게 채널을 소개할 수
있다. ❺ 이메일 주소를 기록하여 노출이 가능하다. ❻ 마지막으로 '게시'를 클
릭하면 기록한 정보가 저장되어 반영된다.

[브랜딩]

'브랜딩' 탭은 채널의 고유 브랜드 이미지를 업로드 할 수 있는 곳이다. ❶ '브랜딩'을 클릭한 후 ❷ '사진' 부분에서 '변경'을 클릭하여 채널의 고유한 이미지를 올릴 수 있다. 보통 확장자가 PNG인 파일이나 GIF 이미지 파일을 98x98 Pixel 이상 사이즈로 제작하여 올리면 된다. 적용된 이미지는 아래 그림의 ❸이다. 유튜브 상단 배너 이미지를 넣고 싶다면 '배너' 부분에 ❸ '업로드'를 클릭하여 업로드하면 된다. 적용된 이미지는 아래 그림의 '배너 이미지' ❹이다.

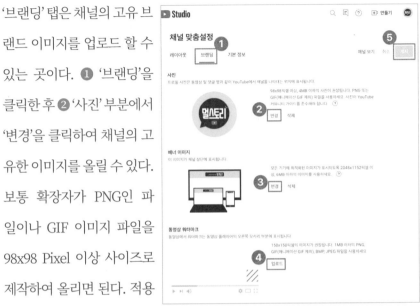

지 Ⓐ 이다. 또한, 동영상에 '워터마크'를 넣고 싶다면 ❹ '업로드'를 클릭하여 업로드하면 된다.

[레이아웃]

'레이아웃' 탭은 실제로 유튜브 채널에 들어왔을 때 사람들에게 노출되는 유튜브 콘텐츠를 어떻게 배열할 것인지를 설정하는 곳이다. ❶ '레이아웃' 탭을 클릭한다. '추천 섹션' 부분에서 ❷ '섹션 추가'를 클릭하면 ❸ 과 같이 메뉴바가 나온다. 메뉴바에서 '재생목록' 부분을 설정하면 채널 홈 화면에 자신이 원하는 재생 목록을 노출할 수 있게 된다. 이를 위해서는 채널에 영상을 업로드 할 때 '재생목록'을 만들어 올려야 한다. 만약 주일예배만 모으고 싶다면 '주일예배' 재생목록을 만들어 그곳에 계속 업로드하면 자동으로 채널의 홈에 노출 시킬 수 있다. ❹는 '단일 재생목록'을 선택했을 때 노출 되는 화면이다. ❺는 '생성된 재생목록'을 선택했을 때 노출 되는 화면이다. 만약 생성된 재생목록을 모두 노출하고 싶지 않고, 원하는 것만 노출하고 싶다면 '여러 재생목록'을 선택하여 내가 원하는 재생목록만을 노출시킬 수 있다.

5
디자인을 위한
플랫폼 활용

>> 교회 안의 디자인

교회 사역의 많은 부분에서는 디자인을 필요로 한다. 그 중 먼저 주보를 생각해 볼 수 있다. 주보를 통해 성도들을 예배에 능동적으로 참여할 수 있도록 도울 수 있다. 복음을 전하기 위해 사용되는 전도지 그리고 교회에서 열리는 행사에 대한 정보를 광고물로 제작할 때도 디자인이 필요하다. 이외에도 교회의 정체성을 보여줄 수 있는 로고, 교회를 알릴 수 있는 중요한 수단인 홈페이지, 교회 간판, 유튜브에 영상 송출시 사용되는 썸네일까지 디자인이 필요한 곳은 매우 많다. 잘 만들어진 디자인은 이해하기 쉽고 때로는 친근하게 교회에 대한 이미지를 보여줄 수 있다. 성도뿐 아니라 비교인에게 교회에 대한 정보를 전달하여 교회와 연결될 수 있는 통로가 되기도 한다.

>> 디자인 플랫폼의 등장

디자인은 영상과 마찬가지로 전문적인 영역에 속해 있었다. 전문적인 프로그램을 사용해야만 했고, 디자인을 하더라도 그것을 출력물로 뽑아내는 일은 전문적인 용어와 지식이 있어야 가능했다. 전문적인 용어를 미리 습득하지 않고 인쇄소에 찾아가면 무시당하기 일쑤였다. 이렇게 디자인 분야는 접근하기 어려울 뿐 아니라 인쇄물로 출력할 때도 많은 비용을 지불해야 했다.

하지만 이제 다양한 디자인 플랫폼들이 등장하여 이런 수고로움과 비용을 절감

할 수 있게 되었다. 디자인 플랫폼이란, 디자인 작업을 더욱 효율적이고 빠르게 수행할 수 있도록 툴을 제공하는 웹사이트나 프로그램들을 말한다.

디자인 플랫폼이 등장하기 시작한 것은 2010년대 중반부터라고 할 수 있다. 그 전에도 디자인을 위한 프로그램들은 있었지만, 최근에 등장한 디자인 플랫폼들은 웹 클라우드 기반으로 운영되고 있어 프로그램을 구매하지 않고도 인터넷만 연결된 곳이면 어디서든 PC로 작업이 가능하다.

요즘은 일반 회사들도 디자인 플랫폼을 활용하여 웹과 모바일 디자인, 그래픽 디자인, UI/UX 디자인 등을 제작하고 있다. 이러한 디자인 플랫폼은 최근 몇 년간 급격하게 성장하여 다양한 기능을 갖춘 툴이 계속 등장하고 있다. 이러한 툴들은 쉽고 효율적인 디자인 작업을 가능하게 하여 디자인 업무의 생산성을 높이고 있다.

디자인 플랫폼은 전문적인 지식이 없더라도 디자인할 수 있도록 디자인 요소들을 다양하게 제공한다. 다양한 종류의 템플릿이 있어 미리 디자인된 템플릿에 교회의 이미지와 텍스트만 입력하면 멋진 포스터나 브로셔를 제작할 수 있다. 또한 저작권에 대한 염려 없이 다양한 무료 이미지 소스를 사용할 수 있다. 다양한 컬러를 보기 좋게 조합할 수 있도록 컬러 조합도 제공한다. 글씨체도 플랫폼에서 제공하는 것만 사용하면 안심하고 사용할 수 있다. 그리고 다양한 파일 포맷을 지원하기에 디자인 작업물을 쉽게 저장하고 다양한 용도로 사용할 수 있다. 플랫폼에서 제공하는 사이트를 통해 쉽게 인쇄물을 출력할 수도 있다.

>> 디자인 플랫폼의 종류

"미리캔버스(www.miricanvas.com)"

인터넷 상에서 프로그램 설치하지 않고도 디자인 작업을 할 수 있는 가장 유명한 우리나라 무료 디자인 제작 플랫폼이다. 저작권 걱정없이 무료로 PPT, 썸네일, 로고, 배너, 카드뉴스, 포스터 등을 쉽게 제작할 수 있다. 서비스 초기에는 회원가입한 회원들에게 모든 기능을 사용할 수 있게 해주었지만, 미리캔버스 Pro라는 유료 요금제가 도입되면서 몇 가지 기능들은 제한되어있다. 무료로 제

공된 툴만으로도 멋진 디자인을 제작할 수 있다. 미리캔버스에서 디자인된 결과물은 '비즈하우스(www.bizhows.com)'사이트를 통해 출력물로 바로 만들 수 있다.

"CANVA 캔바 (www.canva.com)"

호주에서 개발된 디자인플랫폼으로 전 세계에 많은 사용자를 보유하고 있다. 디자이너 인재풀이 제공하는 다양한 스타일의 템플릿들이 많은 것이 장점이다. 워낙 유명한 프로그램이라 전 세계의 많은 사용자들이 틱톡이나 유튜브에 캔바를 활용하는 팁을 올리고 있다. 그만큼 캔바를 잘 활용한다면 다양한 디자인을 만들어 낼 수 있다. 한국어를 지원하면서 한국어 템플릿도 많아졌다. 캔바

는 1년에 129,000원의 요금
을 지불(프로 버전)하여 모든 콘
텐트를 사용할 수 있다. 교회
에 좋은 소식이 있다. 비영리
단체인 교회에는 Pro 버전을
무료로 제공한다. 다양한 플

랫폼들이 유료와 무료버전으로 나뉘어 있지만, 캔바는 유료버전을 교회에서
무료로 사용할 수 있어 제한 없는 디자인을 할 수 있다. 교회 사역자들을 팀으
로 초청하면 다른 아이디의 여러 사역자가 함께 Pro버전을 사용할 수 있다.

(비영리 단체용 신청 방법)

"망고보드(www.mangoboard.net)**"**

리아모어 소프트가 2018년 베타서비스로 시작한 망고보드는 미리캔버스와 같
은 우리나라 디자인 플랫폼 서비스이다. 카드뉴스, 포스터, 배너, 동영상, 음원,
상세페이지 등 디자인 템플릿을 다양하게 제공하여 미리캔버스와 같이 손쉽게
디자인할 수 있는 플랫폼이다. 특별히 하나의 템플릿으로 필요한 사이즈의 결
과물을 한번에 만드는 기능을 제공한다. 그리고 텍스트를 음성으로 변환하는

기능도 망고보드만의 기능
이다. 망고보드 또한 무료와
유료회원의 차이가 있다. AI
배경 제거 기능, AI로 이미지
만들기 기능, 자동 화질 개선
기능 등을 제공한다.

"어도비 익스프레스(www.adobe.com/kr/express)"

어도비(Adobe)는 포토샵과 프
리미어, 일러스트레이터, 인
디자인으로 유명한 디자인
프로그램회사이다. 어도비
익스프레스는 '포토샵이나
일러스트레이터 없이 무료

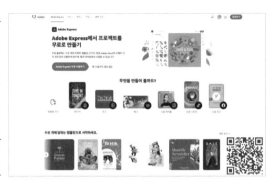

로 디자인하기'를 목표로 어도비에서 개발한 온라인 디자인 플랫폼이다. 제공
하는 템플릿이 아주 다양하고 그 수가 다른 플랫폼에 비해 방대하고 품질이 높
다. Adobe Fonts 라이브러리와 Adobe Stock의 로열티 프리 사진 컬렉션을
사용할 수 있고, 모바일이나 인터넷상에서 편리하게 작업이 가능하다. 쉽게 배
경을 제거할 수 있고, 큐알코드도 쉽게 제작 할 수 있다. 필자가 이 책에 추가한
큐알코드도 어도비 익스프레스에서 제작하여 첨부한 것이다.

"툴디(www.tooldi.com)"

툴디는 다른 플랫폼에 비해
최근에 출시된 온라인 디자
인 플랫폼이다. 다른 플랫폼
과 비슷한 방식으로 디자인
템플릿을 다양하게 제공하
고 있으며, 사용자가 간편하

게 디자인을 편집할 수 있는 웹상의 디자인 편집기를 제공한다. 그리고 다른 디

자인 플랫폼에는 없는 디자인을 하는 사람들이 소통할 수 있는 커뮤니티 공간이 있다. 막상 디자 인플랫폼을 상용하는 데 있어 어려움을 겪는 이들에겐 툴을 다루는 방법부터 멋지게 디자인 하는 방법까지 공유되는 공간이다.

앞서 언급한 플랫폼 외에도 외국 플랫폼들도 다양하다. Sketch(www.sketch.com)는 디자인 툴로, UI/UX 디자인, 웹디자인, 그래픽 디자인 등 다양한 작업에 사용되고 있고, 99designs(www.99designs.com)는 온라인 디자인 시장으로, 디자인 경쟁을 통해 클라이언트가 최상의 작업물을 선택할 수 있게 한다. 직접 클라우드에서 디자인 하는 것이 아니라 클라이언트가 되어 디자이너와 연결해주는 사이트이다.

CANVA로 포스터 만들기

1. 포스터 제작 시작하기

캔바(Canva)는 다양한 디자인 템플릿을 제공한다. 동영상, 인스타그램 게시물, 로고, 인포그래픽, 전단 등 많은 템플릿이 있다. '추천형태'에서 ❶ 포스터를 선택하자.

2. 포스터의 크기 설정하기

'크기조정'은 프로버전에 해당하는 기능이다. 앞서 언급한 것처럼 교회는 비영리단체용으로 신청하면 프로버전을 사용할 수 있다. ❷ '크기조정'을 선택 후 ❸ '가로 x 세로' 란에 원하는 포스터의 사이즈를 적

는다. 단위도 cm에서 mm까지 조정이 가능하다. 그 아래에는 페이스북 게시물, 인스타그램 게시물과 같이 기본 폼으로 제공되는 사이즈 도 있으니 원하는 것을 선택해 사용하자.

3. 템플릿 선택하기

❶ '디자인' 탭을 선택하면 다양한 디자인 템플릿이 보인다. 검색창에서 내가 원하는 템플릿을 검색할 수 있고, 주제별로 구분된 템플릿을 선택할 수 있다. ❷ '수정이의 생일파티' 템플릿을 선택하

면 ❸ 처럼 큰 화면으로 선택한 템플릿이 보인다. 바로 이 곳이 디자인하는 영역이다.

'수정이의 생일파티'라는 글씨를 수정하고 싶다면 마우스를 글씨 위에 두고 마우스 왼쪽을 더블클릭하자.

4. 디자인 요소 추가하기

디자인 요소는 ❶ '요소' 탭에 있다. 선, 도형과 같은 간단한 요소를 비롯해서 그래픽, 스티커, 사진 등 다양한 요소들이 있으니 추가해 나만의 디자인을 해보자.

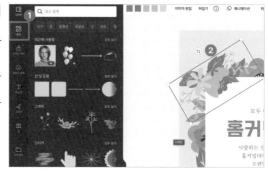

5. 텍스트 추가하기

텍스를 추가할 때는 ❶ '텍스
트' 탭을 클릭한다. ❷ '텍스트
상자 추가' 버튼을 클릭하면
화명의 중앙에 텍스트 상자
가 추가된다. 생성된 텍스트
상자에 원하는 텍스트를 추가

하자. ❸ '글꼴 조합'의 텍스트 템플릿을 활용하면 다양한 디자인이 가능하다.

6. 저장(공유)하기

제작한 디자인을 저장하거나
소셜 미디어에 공유하고 싶
다면 ❶ '공유' 버튼 클릭 후
❷ '다운로드'를 클릭하면 제
작한 디자인을 PC에 저장할
수 있다. ❸ '소셜미디어 공
유'를 클릭하면 자신의 소셜
미디어에 제작한 파일을 업
로드 할 수 있다.

[저장 옵션 설정]

'다운로드'버튼을 눌렀다면 다음과 같은 화면이 나온다.

❶ '파일형식'은 일반적인 JPG
로 선택 저장한다. JPG외에도
PDF, SVG(웹이나 에니메이션에 적
합) 등의 파일도 선택할 수 있
다. ❷ 원하는 크기를 설정하
고, ❸ 이미지의 품질을 선택
한다. ❹ 번 '다운로드'를 클릭

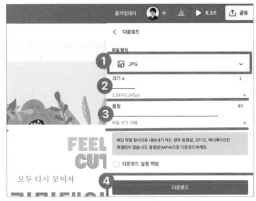

하여 PC에 저장한다. 저장한 파일을 프린터로 출력하면 멋진 포스터 제작물
이 완성된다.

6

교회 자료 아카이브를 위한 플랫폼 활용

>> 아카이브 vs 백업

2021년 SBS에서 '전설의 무대 아카이브K'라는 프로그램을 방영하였다. 오늘날 K-POP의 명성이 세계적인 수준에 이르렀다는 것을 부정하는 이들은 없다. 지금의 명성을 얻기까지는 뼈를 깎는 큰 노력이 있었다. 그리고 그 이전에 K-POP, 대한민국의 대중음악을 이끌어갔던 수 많은 가수의 역사가 있었다. 어떤 가수가 무슨 음악을 통해 시대를 노래했고, 얼마나 큰 성과를 이루었지에 대한 명확한 기록들이 남아있지 않은 것에 안타까워한 제작진들이 만든 프로그램이 바로 '전설의 무대 아카이브K'이다. 누구든지 대한민국의 대중문화를 알고 싶을 때 펼쳐 볼 수 있는 책갈피와 같은 프로그램을 만들고 싶어 했던 제작자들의 열정이 대단했다. 오랜 시간 역사 자료들을 찾고 검증하여 대중음악 자료를 아카이빙 한 것이다.

이처럼 자료를 찾아보기 위해 시간과 노력을 소모하는 것이 아니라 잘 정리된 목록에서 손쉽게 찾아볼 수 있도록 정리하고 보관하는 것을 '아카이브 해 놓는다'고 한다. 우리가 도서관에서 찾고 싶은 책이 있을 때 찾는 것이 '서가 번호'이다. 누구나 쉽게 책을 찾아볼 수 있게 정리한 것이 바로 아카이빙한 것이다.

그렇다면 우리가 잘 알고 있는 '백업'과는 어떤 차이가 있을까? 백업은 데이터가 훼손되거나 지워질 것을 우려해 복사본을 미리 저장해두는 것을 의미한다. 현재 자신이 가지고 있는 자료와 동일한 데이터를 다른 백업 매체에 옮겨 두고 컴퓨터에 바이러스가 걸리거나 불의의 사고로 데이터가 지워졌을 경우 복원할 수 있도록 복사해 두는 것이다.

백업은 데이터 자체의 복원을 위해 그대로 불러오는 것이 목적이라면, 아카이브는 필요한 몇 개의 데이터를 가져오거나 참고하는 것이 목적이기 때문에 둘 다 자료를 저장하는 면에는 차이가 없지만 목적 면에서 다르다고 볼 수 있다.

>> 저장매체

기술이 발전하면서 백업과 아카이브를 할 수 있는 저장매체도 수많은 발전을 거듭했다. 플로피 디스크로 시작했던 저장매체는 CD와 USB, 하드디스크를 거쳐 SSD(Solid State Disk)까지 이르게 되었다. SSD는 하드디스크의 단점인 소음과 속도를 개선한 반도체 저장 장치이다. 이렇게 직접 가지고 다닐 수 있는 물리적 저장매체의 단계를 거쳐 이제는 클라우드 시대에 접어들었다.

서버를 활용하여 자료를 보관하고 어디서든 그 자료를 활용하는 개념이다. 이제는 개인도 NAS(Network-Attached Storage)를 통해 개인 서버를 쉽게 구성하여 사용할 수 있게 되어 인터넷이 접속되어 있는 곳이라면 언제 어디에 있든지 자신이 저장해 놓은 자료에 접속하여 다운받고 활용할 수 있다. NAS를 통해 회사나 교회 등에서는 자료를 아카이브 해 놓고, 원하는 곳에서 구성원들과 함께 접속하여 손쉽게 자료를 다운받거나 보관하는데 활용하고 있다.

이런 장점을 가지고 있는 NAS를 구성하기 위해서는 세팅을 위한 지식과 초기 비용이 필요하다는 단점이 있다. 그러나 누구나 쉽고 안전하게 사용할 수 있도록 개발된 클라우드 시스템이 있다. 바로 아카이브를 위한 '클라우드 플랫폼' 이다.

네이버(NAVER)에서 제공하고 있는 무료 저장공간인 'MYBOX'가 바로 우리가 잘 알고 있는 아카이브를 위한 클라우드 플랫폼이다. 또한 구글이 제공하는 '구글 드라이브(Google Drive)'도 있다. 이런 통합 검색 사이트들은 자사 사이트의 회원이 되면 일정 사용 공간을 무료로 제공한다. 그리고 더 많은 공간이 필요한 경우에는 유료로 매달 비용을 지불하고 클라우드 공간을 사용할 수 있게 한다. 통합 검색 사이트들 외에도 전문적으로 클라우드 서비스만을 제공하는 '드롭박스(Dropbox)'와 같은 플랫폼도 있다.

이런 사이트들은 유료 사용자들의 사용료 지불을 통해 보안과 백업 향상시켜 더욱 안전한 자료보관 서비스를 제공한다. 데이터 보안은 개인이 직접 하기 어려운 부분이다. 어떤 분이 필자의 연구소에 바이러스로 인해 컴퓨터의 전체 파일에 변형이 생겼다며 도움을 요청해 온 적이 있다. 그분이 드롭박스를 사용하고 있음을 알고 있었던 필자는 드롭박스의 기능 중 자동으로 백업해 놓은 파일을 복구하는 기능을 알려드림으로 자료를 쉽게 복구할 수 있었다. 이처럼 아카이브를 위한 클라우드 플랫폼들은 개인이 사용하는 NAS보다 더욱 편리하고 안전한 서비스를 저렴한 비용으로 사용할 수 있게 제공하고 있다(개인 NAS에도 이런 기능을 추가할 수 있다).

>> 교회가 아카이브 해야 할 자료들

교회는 어떤 자료들을 아카이브 해야 할까? 먼저는 교회의 예배 및 행사 자료, 사진 등을 정리 및 저장해 놓아야 한다. 이것은 교회 역사자료를 아카이브하는 중요한 역할을 하는 동시에 교회의 새로운 교역자들이 함께 사역하게 되었을 때 교회의 활동과 역사를 파악하고 담당 분야를 이관받는데 적은 시간 들도록 할 수 있다.

이렇게 저장된 데이터들은 다른 사람들과 공유하기도 편하다. 교회의 행사 사진을 교인들에게 전달할 때도 클라우드에 올린 폴더의 링크만 공유하면, 링크를 받은 성도들은 사진을 스마트폰으로 쉽게 볼 수 있고, 자신들이 원하는 사진만 편하게 다운받을 수 있다. 교회에서 촬영된 영상자료도 아카이브해야 할 대상이다. 우리가 잘 알고 있는 유튜브는 동영상 공유플랫폼인 동시에 아카이브 플랫폼이기도 하다. 유튜브에 교회의 행사와 예배 영상, 교육을 위한 영상을 업로드 한다면 역사자료 저장에 큰 도움이 된다. 또한 새가족과 성도들을 양육하기 위한 좋은 교육 플랫폼으로도 사용할 수 있다.

>> 아카이브 플랫폼의 종류

아카이브 플랫폼들 중 많은 사용자들을 보유하고 있는 몇 가지 플랫폼을 소개하려 한다. 이 플랫폼들은 무료로 일정 사용량을 제공하지만 대부분이 유료로 사용해야 원하는 만큼의 용량을 사용할 수 있다. 매달 일정금액을 지불하는 구독형 요금제와 좀 더 저렴하게 1년 사용요금을 지불하는 연정액 요금제가 있다. 유료 서비스는 높은 수준의 보안과 편리성을 사용자에게 제공한다. 교회나 회사, 개인에게 맞는 플랫폼을 잘 선택하여 사용하기를 추천한다.

"Dropbox 드롭박스 (www.dropbox.com)"

2007년 MIT의 졸업자인 드류 휴스턴과 아라시 페르도시가 Y 콤비네이터의 벤처기업으로 시작한 드롭박스는 PC, 스마트폰, 태블릿 등 다양한 기기에서 파일을 열어볼 수 있고

저장 및 공유할 수 있다. 파일은 드롭박스의 서버에 저장되며, 사용자는 인터넷이 연결된 모든 기기에서 파일에 액세스할 수 있다. 드롭박스는 무료와 유료 서비스 두 가지를 제공한다. 무료 서비스는 2GB의 저장 공간을 제공한다. 네이버나 구글과 비교하면 아주 적은 공간을 제공하는 셈이다. 유료 서비스는 2TB의 저장 공간부터 시작한다(구독형 서비스). 또한 기업용 서비스인 Dropbox Business를 제공한다. 전 세계적으로 7억 명이 넘는 사용자가 사용하고 있는 인기 있는 아카이브 클라우드 플랫폼이다(필자는 데이터관리를 드롭박스와 개인NAS로 한다).

"MY BOX (https://mybox.naver.com)"

'MYBOX'는 네이버사가 제공하는 클라우드 서비스이다. 2009년 7월 30일 네이버 'N드라이브' 오픈 베타 서비스를 시작으로, 2015년 11월에 명칭이 N드

라이브에서 '네이버 클라우드'로 변경, 2022년 5월 네이버 'MYBOX'로 변경되었다. 네이버 MYBOX는 파일 저장, 공유, 백업, 사진 편집, 문서 편집 등 다양한 기능을 제

공한다. 네이버의 회원이 되면 기본 용량 30GB를 제공하며, 추가 용량은 유료로 구매할 수 있다. 스마트폰 네이버 앱, 네이버 웹, 네이버 MYBOX 앱 등 다양한 방법으로 접근할 수 있다.

"구글 드라이브 (https://drive.google.com)"

2012년 4월 24일에 시작된 구글 드라이브는 구글에서 제공하는 클라우드 기반의 파일 저장하고 공유하는 서비스이다. 구글 드라이브 또한 다양한 기기에서 접속하여 사용할

수 있다. 무료와 유료 서비스 두 가지를 제공한다. 구글 아이디를 생성하면 무료로 15GB의 저장 공간을 제공하며, 유료 서비스는 100GB, 200GB, 2TB, 10TB, 20TB로 다른 서비스에 비해 다양한 요금제가 있다. 또한 구글 드라이브는 기업용 서비스인 Google Workspace를 제공한다. 전 세계적으로 10억 명이 넘는 사용자가 사용하고 있어 인기가 높은 클라우드 스토리지 서비스 중 하나이다.

구글은 구글 드라이브와 함께 협업을 함께 할 수 있는 '구글 워크스페이스'를 제공한다. 워크스페이스에 초대된 구성원은 원거리에 떨어져 있어도 인터넷만 있으면 한화면에서 동시 업무처리를 할 수 있다. 필자는 구글 워크스페이스의 '스프레시드(Spreadsheet)'를 통해 원거리에 있는 스텝과 함께 큐시트를 실시간 동시작업으로 국내 단기선교를 준비하였다. 비단 선교뿐 아니라 교회에서 진행되는 여러 프로그램 회의 시 직접 만나지 않고 구글 '독스(Docs)'에서 만나 회의하고 바로 문서를 작성한다. 이를 통해 보다 효율적인 사역이 가능해진다. 우리가 잘 아는 마이크로소프트사의 '오피스'군의 파워포인트, 엑셀, 워드 등의 기능을 대신하는 프로그램이 바로 이 워크 스페이스에 포함되어 있다.

"원드라이브(https://onedrive.live.com)"

원드라이브는 마이크로소프트(Microsoft)사에서 제공하는 클라우드 기반의 파일 저장 및 공유 서비스이다. 2007년 8월 1일에 시작된 원드라이브는 SkyDrive로 서비스를 시작하였으나 2013년 영국의 방송회사 Sky와의 상표권문제로 법정분쟁 끝에 2014년 2월 부터 OneDrive로 이름이 바뀌었다.

원드라이브도 앞서 소개한 여러 아카이브를 위한 클라우드 서비스와 마찬가지로 다양한 기기에서 접속하여 사용할 수 있다. 무료와 유료 서비스 두 가지를 제공한다. 무료 서비스는 5GB의 저장 공간을 제공하고, 유료 서비스는 100GB, 1TB, 2TB, 5TB, 10TB의 저장 공간을 사용할 수 있다. 패밀리 요금제를 사용하면 6명의 가족이 각각 1TB씩 저장 공간을 사용할 수 있도록 6TB의 용량을 제공한다.

앞서 설명한 아카이브를 위한 클라우드 플랫폼들은 모두 '동기화' 서비스를 지원한다. 동기화란 클라우드에 꼭 접속해야만 파일에 접근하는 것이 아니라 자신이 사용하고 있는 컴퓨터의 '내 탐색기'에 하나의 드라이브처럼 볼 수 있고, 원하는 경우에는 파일을 오프라인 형태로 컴퓨터에 저장하여 사용할 수 있다. 저장한 파일의 용량이 너무 많은 경우에는 파일의 형태를 '온라인 전용'으로 변경하면 파일명은 볼 수 있고, 필요시에만 '오프라인'화 하여 사용할 수 있는 편리함이 있다. 만약 용량이 적은 노트북을 구매한 경우 클라우드 서비스를 활용해보자. 큰 저장공간을 사용하지 않고도 클라우드의 파일목록에서 필요한 파일만 '오프라인'화 하여 사용하면 용량 문제를 해결할 수 있다.

>> 교회 자체 서버 - NAS를 활용하고 싶다면

교회에서 NAS를 구성하고 싶다면, 데이터의 안정성을 최우선으로 해야 한다. 그리고 쉽게 사용할 수 있고, 다양한 서비스를 제공받을 수 있는 NAS를 구매해야 한다. 필 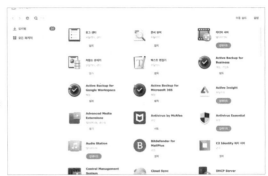 자가 추천하는 NAS는 '시놀로지 NAS'이다. 시놀로지 NAS의 운영체제인 DS-M(Disk Station Manager)은 윈도우와 UI가 비슷하기 때문에 처음 접한 유저도 쉽게 배울 수 있다. 그리고 '패키지센터'에는 시놀로지에서 제공하는 훌륭한 기본 프로그램들이 많다. 유료 프로그램을 구매하지 않더라도, 시놀로지에서 제공하는 패키지만 사용해서 NAS 대부분의 기능을 활용할 수 있다. 예를 들어 'Snap-shot Replication'은 NAS의 데이터 안전성을 높힐 수 있는 패키지이다. NAS에 보관된 데이터의 스냅샷을 기록하여 백업해 주는 것이다. 그리고 'Synology Drive'는 앞서 설명한 클라우드 플랫폼과 같이 데이터를 쉽게 저장하고 어디서든 활용과 공유를 가능하게 하는 패키지이다. 교회 홈페이지 서버와 데이터 아카이빙, CCTV영상 저장 등 다양한 활용도 가능하다.

7

커뮤니티를 위한
플랫폼 활용

>> 교회 공동체

인간은 누구도 혼자 살아갈 수 없다. 누군가에게 도움을 주고 받지 않고는 살 수 없다. 태초에 아담을 만드시고 독처하는 것이 보기 좋지 않아 하와를 허락하신 하나님께서는 우리에게 가정을 허락하셨다. 그리고 믿음의 사람들에게 교회 공동체를 허락하셨다.

공동체는 하나님의 원수인 사탄의 공격과 증오의 대상이었다. 사탄은 하나님과 사람의 관계뿐 아니라 사람과 사람 사이의 관계에도 하나님의 사랑이 함께하는 것을 방해한다. 이런 방해에도 우리는 '고린도전서 12장 12~27절'의 말씀과 같이 그리스도를 머리로, 그리고 서로 각기 다른 다양한 은사를 따라 각 몸의 지체로 살아가는 성도들의 모임으로 교회 공동체를 세우고 지켜가야 한다.

신앙생활에서 중요하게 생각해야하는 것은 바로 내가 속한 신앙 공동체이다. 하나님께서는 우리가 예수 그리스도를 믿을 때 혼자가 아니라 신앙의 공동체인 교회를 이루게 하셨다. 그리고 교회를 이룬 성도들이 말씀대로 살아가기 위해 서로 도우며 살아갈 수 있도록 하셨다. 피상적인 만남이 넘쳐나는 이 시대에 함께 기쁨을 공유하고 슬픔을 나눌 수 있는 교회 공동체는 신앙생활에 꼭 필요하다.

그러나 지난 2019년부터 3년이라는 긴 시간 동안 코로나 팬데믹으로 교회 공동체는 모일 수 없었다. 함께 모여 서로를 격려하고 돌봐주던 공동체가 모일 수 없다는 것은 신앙생활에 있어 큰 타격일 수밖에 없었다. 누구도 함께 모여 예배하지 못할 시간이 올 것이라고는 예상하지 못했다. 하지만 그것이 현실이 되었다.

이런 문제를 인식하고 목회자들은 성도들이 함께 모일 방법을 찾기 위해 최선을 다했다. 강단에서 주의 말씀만을 선포하던 목회자들이 익숙하지 않은 음향, 영상장비를 배워가며 함께 모이지 못하는 성도들을 온라인으로라도 만날 수 있는 방법을 찾았다. 목회자들의 노력으로 온라인으로 함께 예배할 수 있었고, 줌(ZOOM)과 같은 화상채팅을 통해 양육을 받을 수 있었다. 목회자들은 거기에 멈추지 않고 다양한 온라인 콘텐츠들을 만들어 갔다. 그렇게 최선을 다해 온라인에서라도 공동체로 모일 수 있는 방법을 구상하고 최선을 다해 찾아냈기에, 지금 우리는 신앙을 잃지 않고 함께 모여 예배할 수 있게 되었다.

이런 결과의 중심에 미디어가 있었다. 코로나가 시작될 시기 전세계적으로 1인 방송이 활성화되고 있었다. 때문에 전문 지식으로 운용할 수 있던 프로그램들은 개인도 편하게 사용할 수 있는 인터페이스를 제공하게 되었다. 온라인 방송을 위한 무료 프로그램들이 개발되었고, 방송을 위한 전문 미디어 기기들이 저렴하게 생산되면서 교회들도 적은 비용으로 방송을 할 수 있게 되었다. 참 감사한 일이다.

코로나의 종식을 선언했지만, 많은 이들은 제2, 제3의 코로나가 다시 발생할 수 있을 것이라 예상한다. 그러기에 앞으로의 교회 공동체를 위해 오프라인이나 온라인 하나만을 선택하여 사역하는 것이 아니라, 두 가지를 함께 끌고 가는 하이브리드 목회를 이어가야 한다. 그렇게 준비될 때 혹시 제2, 제3의 팬데믹이 찾아 온다고 할지라도 우리의 교회 공동체는 흩어지지 않고 하나님의 사랑을 경험하고 나누는 풍성한 교회 공동체로 세워져 갈 수 있을 것이다.

>> 커뮤니티를 위한 다양한 플랫폼 활용

"밴드 Band (www.band.us)"

필자가 사역하고 있는 교회는 코로나 팬데믹 초기 가장 먼저 교회 '밴드'를 개설하였다. 밴드는 온라인에서 공동체가 사용하기에 아주 좋은 플랫폼이다. 네이버사가 제공하는 밴드(Band)는 폐쇄형 커뮤니티 프로그램이다. 교회의 멤버들이 자신을 인증해야 가입되게 할 수 있어 교회 성도들 만의 소통 공간으로 활용할 수 있다.

밴드를 활용하는 예로 필자의 교회는 매일 아침 5시에 '아침묵상' 을 업로드 한다. 성도들은 같은 말씀으로 묵상하고 한 줄 댓글로 받은 은혜를 나눈다. 그리고 매일 밤 10시에는 '하루를 마무리하는 저녁기도' 영상을 업로드한다. 이 콘텐츠는 담임목사님이 직접 녹음한 파일로 제작된다. 성도들이 짧게 말씀을 함께 나누고 기도로 하루를 마무리할 수 있도록 한다. 공예배 10분 전에는 실시간 예배 링크가 업로드 된다. 토요일 저녁이면 주일 주보가 업로드 되고, 특별행사의 사진과 특별 기도 제목들도 밴드를 통해 공동체에게 공개된다. 코로나 기간에는 코로나를 극복하기 위한 기도문을 만들었다. 이 기도문으로 각자의 자리에 있는 성도들의 영상을 밴드에 업로드하여 함께 기도할 수 있는 시간을 가졌다. 이렇게 폐쇄형 커뮤니티 앱인 네이버 '밴드'를 통해 교인들은 받은 은혜와 삶을 공유할 수 있었다.

"페이스북 (www.facebook.com)"

'페이스북(facebook)은 교회의 다양한 활동을 대외에 알리기 좋은 방법 중 하나이다. 페이스북 페이지(page)를 개설하여 예배 일정, 성경 공부, 기도 모임과 같은 다양한 활동에 대한 정보를 게시할 수 있다. 그리고 예배, 성경 공부, 기도 모임과 같은 활동을 홍보할 수도 있다. 또한 여러가지 교회활동 사진과 동영상을 공유할 수 있다. 대체로 공개로 사용하지만 비공개 그룹으로 설정하면 멤버만 볼 수 있게 설정할 수 있다. 비공개로 운영한다면 '밴드'와 같은 폐쇄형 커뮤니티 공간으로 활용이 가능하다.

"카카오톡(www.kakao.com)"

우리나라 국민 메신저라고 하면 카카오톡을 떠올리게 된다. 한때 보안 이슈가 있어 다른 메신저로의 이동이 있었지만 사용자 수는 여전히 우리나라 최고이다. 카카오톡은 누구에게나 익숙하다는 것이 장점이다. 이를 잘 활용하면 사역에 큰 도움이 될 수 있다.

필자의 교회는 12개의 모둠으로 나누어 모둠활동을 하고 있다. 장로님들이 모둠의 장으로 섬기고 있다. 특별히 사순절에는 모둠별로 카카오톡 단체 채팅방을 개설하고 '사순절 드라마바이블 온라인 공동체 성경읽기'를 진행하였다. 매일 아침

모둠장이 보내는 드라마 성경읽기 영상을 일과 중에 보고, 댓글로 간단한 은혜를 나눈다. 많은 성도들이 매일 아침마다 드라마 바이블로 묵상하는 것에 기쁨으로 참여하였다. 또한 줌(ZOOM)을 통해 양육이 어려운 구역들은 '카카오 그룹 페이스톡'을 활용하여 성경공부를 진행하기도 한다. 그리고 카카오톡은 행사를 진행할 때면 단체방을 개설하여 팀원을 초대하고 중요한 공지를 나누기에도 아주 유용하다. 행사에 관련된 자료 전송과 현장에서 찍었던 사진 공유도 아주 쉽게 가능하다.

카카오톡에는 '카카오 채널'이라는 기능이 있어 교회의 채널을 개설할 수 있다. 채널에 성도들을 가입시키면 교회의 소식 및 다양한 전달사항들을 카카오톡

개인 메시지로 전달할 수 있다. 단체로 단체방을 만들어 활용하다 보면 수많은 사람들의 알림으로 단체방을 나가는 경우가 있다. 하지만 이 카카오채널을 개설하면 교회가 성도에게 알리고 싶은 소식은 개인톡으로 전달이 되고, 교회에 하고 싶은 질문이나 긴급한 기도제목 등은 카카오채널 관리자에게 직접 전달 할 수 있어 단체 채팅방과는 차별성 있는 운용이 가능하다. 현재 많은 회사들도 카카오 채널을 활용하여 자사의 서비스 응대에 사용하고, 다양한 회사의 소식을 전달하는 수단으로도 적극 활용

(성락성결교회 카카오채널)

하고 있다. 교회에서 개별적으로 문자를 보내는 비용을 절감하면서도 알림에 큰 효과를 가져갈 수 있는 카카오 채널을 활용해 보기를 추천한다.

"줌 ZOOM (www.zoom.com)"

Zoom은 카메라로 서로 얼굴을 보며 실시간으로 소통할 수 있는 비디오 회의 플랫폼이다. 많은 교회들이 코로나 팬데믹 시기에 Zoom을 활용하여 예배와 양육을 이어 나

갔다. Zoom은 예배, 성경 공부, 기도 모임과 같은 다양한 활동 등을 온라인으로 가능하게 했다. 무료 사용자가 다수의 인원과 화상채팅을 할 경우에는 40분이라는 시간 제약이 있으나 1:1 화상채팅은 시간 제약이 없다(여러명과 시간제한이 없게 채팅하기 위해서는 유료 결제 필요).

"웨일온(네이버 화상회의 프로그램) (whale.naver.com)"

네이버 '웨일온'은 '네이버 웨일 브라우저'를 기반으로 하는 무료 온라인 화상회의 서비스이다. '네이버 웨일 브라우저'만 설치되면, 별도의 프로그램 설치나 가입 없이 사

용할 수 있다. 최대 500명까지 참가할 수 있어 접근성과 편리성이 높다. Zoom의 유료 사용요금이 부담스럽다면, 네이버의 웨일온을 선택하여 이용해보자. Zoom에서 제공하는 기본 기능인 화상회의, 화이트보드, 파일 공유, 실시간 채팅 등 다양한 기능을 무료로 제공한다.

"인스타그램(www.instagram.com)"

인스타그램은 젊은 층이 선호하는 소셜 미디어 플랫폼이다. 전 세계적으로 10억 명 이상의 사용자를 보유하고 있다. 사진과 동영상을 게시하고 팔로우 할 수 있는 것이 주된 기능이다. 또한 온라인 방송을 진행할 수도 있다. 인스타그램을 통해 많은 기업이 자신의 브랜드를 홍보하고 고객과 소통하고 있다. 필자의

교회에서도 중고등부와 청년부는 부서 인스타그램을 개설하여 서로 소통하고 교회의 사역을 알리는 중요한 공간으로도 활용되고 있다. 필자의 교회 중고등부 사역자는 인스타그램에서 라면을

(수원성결교회 청년 교구 푸른세대 인스타그램)

끓이며 중고등부 학생들과 대화를 이어가기도 했다. 또한 인스타그램은 설교를 짧게 요약하고 공유함으로써 교회를 알릴 수 있는 중요한 수단이 된다. 또한 1:1 정방형 이미지로 멋지게 디자인하여 청년들에게 하루를 살아갈 수 있는 짧은 말씀 나눔을 제공하고 있다. 요즘은 짧은 영상이 대세이다. 인스타그램에서 릴스(Reels)를 교회 홍보의 수단으로 활용해 보길 추천한다.

"네이버 카페(cafe.naver.com)"

네이버 카페는 네이버 사에서 제공하는 커뮤니티 서비스이다. 2003년에 서비스를 처음으로 오픈했다. 네이버 카페는 회원들이 자유롭게 글을 쓰고, 의견을 나누고, 정보를

(장로교 대현교회 홈페이지 활용 사례)

공유할 수 있는 공간으로 활용되고 있다. 다양한 주제의 카페를 개설하여 동아리와 같은 소모임 활동을 진행하기에 유용하다. 우리가 잘 알고 있는 '중고나

라'는 회사 홈페이지를 개설
하지 않고 네이버 카페를 활
용하여 그 규모를 확장해갔
다. 커뮤니티라는 특성을 아
주 잘 활용한 예이기도하다.
홈페이지를 소유한 이들은

(신촌교회 교회학교 홈페이지 활용 사례)

서버운영비를 비롯한 다양한 비용 지출이 불가피 하지만 이 네이버 카페를 활
용하면 그 비용을 지불하지 않고도 운용이 가능하다는 장점이 있다. 교회들도
네이버 카페를 이용하여 교회홈페이지를 대신 하기도 한다. 카페는 밴드의 특
성과 달리 회원들의 적극적인 참여가 더욱 필요하다. 서로 소통하고 글을 남기
는 일들이 활발해야 카페가 활성화되는 느낌이 난다. 또한 게시판을 찾아 들어
가야만 새로운 글을 볼 수 있다. 그렇기에 많은 게시판을 생성할수록 관리와 참
여 부분에서 떨어질 수 있음을 기억해야 한다. 반면에 밴드는 타임라인 방식이
기 때문에 최상단에 보이는 소식이 가장 최근 소식이 노출되기 때문에 적은 글
에도 교회가 활발하게 움직이는 느낌을 줄 수 있다.

>> 새로운 공동체 공간

우리는 커뮤니티 플랫폼들을 활용하여 코로나 팬데믹 중에도 온라인 공간에서
함께 삶과 신앙을 공유할 수 있었고, 온라인에서도 교회 공동체가 서로를 격려
하며 신앙의 길을 함께 걸어갈 수 있는 가능성을 발견하기도 하였다. 이 커뮤니

티 플랫폼은 앞으로 우리에게 새로운 소통과 상호작용의 창구를 열어주며, 다양한 형태의 교제와 협력을 통해 교회 공동체를 더욱 강화하고 세워나갈 수 있는 도구가 될 것이다. 이제 교회마다 상황에 맞는 플랫폼을 선택하고 활용하여 교회 공동체가 더욱 풍성하고 활기찬 모습으로 성장하기를 기대한다. 모인 곳이 어디든 우리는 예수 그리스도의 사랑과 진리를 세상에 전파하며, 하나님의 나라를 세워나가는 여정을 함께 걸어 가야할 것이다.

8

홈페이지 제작을 위한
플랫폼 활용

>> 홈페이지의 등장

홈페이지는 월드 와이드 웹(World Wide Web)이 개발된 이후 등장한 개념이다. 1989년에 영국의 팀 버너스 리(Tim Berners-Lee)에 의해 처음으로 제안되었고, 세계 최초의 홈페이지는 1991년 8월 6일에 공개된 그의 연구소인 CERN(유럽 입자 물리학 연구소)의 홈페이지였다.

(세계 최초 CERN의 홈페이지 모습 - 텍스트와 링크로 구성)

최초의 홈페이지 형태는 웹 서버에 있는 문서들에 접근할 수 있도록 텍스트와 링크로만 구성된 홈페이지였다. 쉽게 말하면, 웹 자료실과 같은 개념이다. 인류 최초의 홈페이지는 텍스트와 링크로 구성되어 있는 단순한 구조였지만, 오늘날의 홈페이지는 다양한 콘텐츠와 멀티미디어 요소 등을 포함하여 사용자에게 다양한 경험을 제공하는 온라인 플랫폼으로 발전하게 되었다. 그로인해 SNS가 등장하기 전까지 수많은 기업은 자사를 홍보하기 위한 가장 중요한 수단으로 홈페이지를 활용해 왔다.

>> 디지털 시대, 교회 홈페이지의 필요성

디지털 시대에 많은 사람들은 정보를 얻기 위해 주로 온라인에 접속한다. 지역 교회의 정보를 찾기 위해서는 먼저 스마트폰 지도앱에서 교회를 검색한다. 연결된 교회의 홈페이지에 들어가 교회의 소개, 예배 시간 및 설교 영상은 언제든 볼 수 있다. 실제로 새로운 지역으로 이사를 온 성도들이 새롭게 신앙 생활을 할 교회를 찾는 수단으로 주변에 있는 교회 홈페이지를 찾아본다. 이렇게 시간과 장소에 제약받지 않고 교회의 정보를 제공할 수 있는 홈페이지는 교회를 알리는 중요한 수단이다.

>> 홈페이지 제작에 필요한 요소

이제 이 홈페이지를 제작하기 위해 필요한 여러 가지 요소들에 대해 알아보자.

1) 도메인

쉽게 말하면, 도메인은 홈페이지 고유의 주소이다. 웹호스팅을 하면 인터넷상 주소가 부여되지만 사용자들이 접근하기 힘든 언어로 조합되어있거나 그 길이가 길다. 이를 위해 고유의 주소인 도메인을 구입하여 홈페이지와 연결(포워딩)하면 된다. 내가 찾고 싶은 홈페이지는 보통 '네이버', '구글'과 같은 검색엔진을 통해 검색하여 접속할 수 있다. 그러나 검색하여도 검색엔진 최상단에 나오지 않는 경우도 있다. 이를 위해 홈페이지는 고유한 주소를 소유하고 알리는 작업을 한다. 한가지 예로 기독교대한성결교회의 홈페이지 주소는 'www. kehc.org'이다. 이 주소는 Korea Evangelical Holiness Church의 약자로 만들어진 것이다. 도메인의 점 뒤에 붙는 org는 도메인 네임으로 문패와 같은 역할을 한다. co.kr의 경우는 대한민국의 영리기관, go.kr은 정부기관, or.kr은 비영리기관, ac.kr은 전문대학 이상의 교육기관, org는 비영리 공공기관 등으로 구분하여 도메인을 사용한다. 도메인은 전 세계에서 홈페이지에 접속할 수 있는 유일한 주소이다. 도메인 유지비용은 일년 약 22,000원이다.

2) 웹 호스팅

웹 호스팅은 제작한 홈페이지를 인터넷에 공개하기 위해 필요한 서버 공간을 제공하는 서비스이다. 교회들이 직접 서버를 운용할 수도 있지만, 서버운용 비용은 그리 만만치 않다. 그래서 보통은 서버를 운용하는 회사에서 일정량의 서버를 할당받아 월 비용을 지불하고 홈페이지 공간을 사용한다. 서버에 홈페이지 파일과 데이터를 저장하여 사용자들이 접속하여 볼 수 있도록 서비스를 제공하는 것이다. 우리 나라에서 유명한 웹호스팅 회사는 '카페24', '가이바', '후이즈', '미리내' 등이 있다. 일반적으로 웹호스팅 회사 사이트에서는 웹호스팅 서비스 구입 뿐 아니라 도메인 구입도 가능하다.

3) 웹 디자인

웹 디자인은 홈페이지의 레이아웃, 색상, 폰트, 이미지 등을 결정하는 과정이다. 세계 최초의 홈페이지가 텍스트와 링크로만 구성되었다고 말했다. 그러나 그런 홈페이지는 현대를 살아가는 사용자들에게는 접속하고 싶은 욕구를 떨어뜨린다. 사용자 경험과 시각적인 요소를 고려하여 사용자들이 쉽게 이용할 수 있는 직관적이고 매력적인 디자인을 구성하여 홈페이지를 디자인해야한다. 이를 위해 HTML, CSS, JavaScript 등의 웹 디자인 기술 등을 활용한다.

4) 콘텐츠

콘텐츠는 홈페이지에서 제공되는 정보와 자료를 의미한다. 교회에서 제공할 수 있는 정보들은 다양하다. 교회소개, 목회자 소개, 오시는 길, 교회 사진, 동영상, 설교음성 및 동영상, 교회소식 등 다양한 콘텐츠를 제공할 수 있다. 이 콘텐츠는 홈페이지의 목적과 타겟 대상에 맞추어 구성되야 한다.

5) 검색 엔진 최적화 과정

검색 엔진 최적화는 홈페이지가 검색 엔진 결과에서 상위에 노출될 수 있도록 하는 작업이다. 이를 위해 적절한 키워드를 사용해야 하고 홈페이지의 구조를 최적화하고, 메타 태그 작성 등을 해야만 한다. 실제로 네이버에 홈페이지를 등록

하기 위해서는 '네이버 서치어드바이저'라는 홈페이지에서 교회가 만든 홈페이지를 등록하고, 네이버 검색엔진에 검색이 될 수 있도록 홈페이지의 '사이트 맵 제출', FTP에 'robots.txt' 업로드 등 검색엔진에서 요구하는 정보들을 제공해야 검색이 가능해진다. 이런 과정은 '구글'도 마찬가지이다.

6) 모바일 호환성

(필자가 제작한 교회 홈페이지와 반응형 모바일 페이지)

과거 스마트폰이 발달하기 전 제작된 홈페이지들은 이런 것들을 고려하지 않았기 때문에 모바일로 접속하면, PC화면 사이즈 그대로 노출된다. 모바일 기기 사용이 증가함에 따라 홈페이지는 모바일 환경에서도 원활하게 작동해야 한다. 즉, 모바일 화면 크기에 맞게 화면과 이미지 텍스트 등을 조절하여 노출해 주어야 한다. 이 작업을 '반응형 디자인'을 작업이라 한다. 반응형 홈페이지는 하나의 소스를 수정해도 PC와 모바일 등 다양한 디스플레이에 맞게 모두 유기적으로 최적화되기 때문에 유지 보수하기가 효율적이다.

7) 보안

홈페이지에는 사용자들의 개인정보나 중요한 데이터가 포함될 수 있다. 그러기에 무엇보다 보안을 신경 써야 한다. SSL 인증서를 사용하여 데이터 암호화, 정기적인 백업, 보안 패치 업데이트 등을 통해 홈페이지의 보안을 강화해야 한다.

위와 같은 요소들이 홈페이지를 구성하는 데 필요한 기본적인 것 들이다. 그래서 홈페이지 구축에 비용이 들 수 밖에 없다. '이렇게 큰 비용을 들여야만 제작할 수 있나?', '간편하게 만들 수는 없을까?', '꼭 어려운 코딩언어를 사용해야 하나?' 등의 물음들로 시작하여 개발된 것이 바로 홈페이지 플랫폼이다. 이제 언급하는 홈페이지 플랫폼을 사용한다면, 좀 더 손쉽게 홈페이지를 제작할 수 있을 것이다.

>> 홈페이지 제작 플랫폼

"네이버사의 모두 modoo (www.modoo.at)"
네이버사는 2013년부터 모두(modoo) 홈페이지 플랫폼 서비스를 시작했다. 서비스 초기에는 비교적 간단한 기능과 템플릿을 제공하였으나, 이후 지속적인 업데이트와 개선을 통해 더욱 다양한 기능과 사용자 친화적인 환경을 제공하고 있다.

사용자 친화적인 인터페이스와 직관적인 편집 도구를 제공하여 비전공자도 쉽게 홈페이지를 제작할 수 있다. 드래그 앤 드롭 방식으로 원하는 요소를 추

가하고 배치할 수 있어 디자인과 레이아웃을 자유롭게 조정할 수 있다. 또한 다양한 디자인 템플릿과 기능적인 위젯을 제공하여 원하는 스타일과 기능을 선택할 수 있다. 예를 들어 이미지 슬라이더, 블로그 피드, 오시는 길 등 다양한 요소를 쉽게 추가하여 원하는 홈페이지를 구성할 수 있다.

modoo는 반응형 웹 디자인을 지원하여 다양한 디바이스에서 홈페이지가 깔끔하게 표시된다. PC, 스마트폰, 태블릿 등에서 일관된 사용자 경험을 제공한다. 다른 플랫폼과는 달리 모바일 기기에서도 쉽게 편집할 수 있다는 장점이 있다. 네이버의 검색 엔진 최적화(SEO)를 지원하여 검색 결과에서 노출되기 쉽도록 도와준다. 또한, 네이버 블로그와 연동하여 블로그의 게시물을 홈페이지에 표시하거나 네이버 쇼핑과 연동하여 제품을 판매할 수 있다.

최대 장점은 네이버의 안정적인 호스팅 서비스를 제공하여 홈페이지의 안정성과 신뢰성을 보장한다. 트래픽이 많은 상황에서도 웹사이트의 성능이 유지되고, 보안과 데이터 백업 등에 대한 부분을 네이버에서 지원한다. 이렇게 언급한 모든 서비스는 무료로 제공된다. 무료로 호스팅과 보안서비스까지 지원하는

프로그램이긴 하지만, 디자인에 대한 자유로움은 떨어진다는 단점이 있다. 제작자가 원하는 디자인과 기능을 모두 구현하는 것은 불가능하다. 하지만 이 정도의 기능만으로도 훌륭하게 교회의 홈페이지로 활용이 가능하다.

"아임웹 (www.imweb.me)"

'아임웹(imweb)'은 웹사이트 제작을 위한 코딩도 모르고, 디자인 감각이 없는 사용자라도 제공되는 템플릿을 통해 감각적인 반응형 홈페이지를 만들 수 있도록  개발된 홈페이지 제작 플랫폼이다.

게시판, 갤러리, 일정, 지도 및 공유 기능 등을 제공한다. 'modoo'도 같은 다양한 기능들을 제공하지만, 아임웹은 좀 더 아름답고 고급스럽게 제작할 수 있다. 특별히 쇼핑몰을 운영하는 이들

(필자가 아임웹으로 제작한 모교 총동문회 홈페이지)

에게 추천한다. 아임웹에는 다양한 쇼핑몰 관리프로그램들이 포함되어 있어 쇼핑몰 운영에 큰 이점이 있다.

또한 아임웹은 혼자서도 홈페이지 제작이 가능할 정도로 잘 구성된 플랫폼이
지만 홈페이지를 대신 제작하여 주는 '리셀러' 디자이너들이 있어 제작에 어려
움을 겪는 사용자들을 도와줄 수 있다(유료). 아임웹은 무료로 홈페이지를 제작
할 수 있지만 다양한 기능을 활용하고 싶다면 월 비용을 지불해야 한다. 무료로
제공된 홈페이지의 경우에는 아임웹 광고가 붙는다. 그리고 웹페이지는 5개까
지만 구성할 수 있다.

"익스프레스 엔진(www.xpressengine.com)"

익스프레스 엔진은 한 시대를
풍미한 인터넷 게시판 프로그
램인 '제로보드'가 모체이다. 네
이버는 이 제로보드를 인수하고
개발하여 웹사이트 오픈소스 프
로그램인 '익스프레스 엔진'을
공개했다. 초기에는 '제로보드 XE'라는 이름으로 시작하였으나 종합 웹페이지 빌
더라는 개념을 가진 '익스프레스 엔진(Xpress Engine)'으로 바뀌게 되었다.

기본 프로그램인 익스프레스 엔진과 오픈소스로 개발한 모듈과 위젯, 에드온
등을 웹서버에 업로드하면 홈페이지를 제작할 수 있는 기능을 제공된다. 게시
판, 댓글, 회원 관리, 갤러리 등 다양한 기능을 선택하여 웹사이트에 맞게 커스
터마이징 할 수 있다. 또한 확장성을 고려하여 플러그인, 위젯, 테마 등을 추가
하여 홈페이지의 기능을 확장할 수 도 있다.

익스프레스 엔진으로 홈페이지를 제작하기 위해서는 업체를 통해 웹호스팅을 구매하거나 서버를 구성해야 한다. 자신의 웹 공간에 FTP를 통해 엔진 기본프로그램을 설치하고, 스킨을 적용하여 구성해야 제작할 수 있다.

오픈소스라는 말처럼 이 엔진은 모두 무료로 사용이 가능하다. 하지만 앞서 소개한 'modoo'와 '아임웹'보다는 홈페이지 제작에 대한 지식이 있어야 이 플랫폼으로 제작할 수 있다.

(필자가 익스프레스 엔진으로 제작한 교회 홈페이지)

필자가 사역하고 있는 교회의 홈페이지도 익스프레스 엔진을 사용하여 제작하였다.

지금까지 홈페이지 플랫폼을 몇가지 소개하였다. 홈페이지 제작을 위해서는 여러가지 필수요소들이 있지만 플랫폼을 통해 제작한다면 보다 홈페이지 제작에 쉽게 접근 할 수 있다. 소개한 플랫폼 외에도 '윅스', '워드프레스' 등의 플랫폼도 많이 사용된다. 유튜브에는 이런 플랫폼을 활용한 홈페이지 제작 강의 영상이 많이 업로드 되어있다. 영상을 통해 교회의 홈페이지 제작에 한번 도전해 볼 수 있기 바란다.

9

소그룹을 위한
플랫폼 활용

>> 외로운 크리스천

세계가 급변하고 있다. 기술의 발달로 인해 우리가 살아가는 모습은 하루가 멀다하고 달라지고 있다. 전세계에서 일어나는 소식들을 손 안의 핸드폰으로 접할 수 있는 시대가 되었다. 또한 사람의 노동이 필요했던 일들도 로봇이 대체하고 있다.

이러한 기술의 발달로 인해 우리의 삶이 편해지고 윤택해졌다고는 하지만, 인간 관계에 있어서도 더 나아졌다고 말할 수 있는지 반문해 본다. 다른 나라의 어려운 상황을 보며 가슴 아파하고 후원금을 보내는 일들이 많아졌지만, 정작 나와 함께 살아가고 있는 이웃들과의 관계는 소원해져 감으로 그들이 어떻게 살아가는지 궁금해 하지 않고, 또한 타인이 자신에 대해 관심을 가지지 않기를 바라는 개인주의가 팽배해지고 있다.

최근 「목회데이터연구소」에서 "한국교회 트렌드 2024"라는 책을 통해 한국교회에서 반드시 다루게 될 10가지 트렌드를 제시하였다. 그 중에 눈에 띄는 단어는 '외로운 크리스천'이었다. 삶의 방식이나 업무 환경의 변화 또는 도시로의 이주, 그리고 코로나 19로 인한 거리두기가 심화되고 지속되면서 사람들과의 관계는 점점 멀어져 갔다. 그로 인해 많은 이들이 외로움을 느끼며 살아가고 있음을 데이터를 통해 분석한 것이었다.

시장 조사 기업 「엠브레인 트렌드모니터」가 2022년 7월에 조사한 데이터에서도, 한국 성인의 56%가 일상에서 외로움을 느낀다고 밝혔다. 그런데 이 외로움을 교회에 출석하는 44%의 성도들 또한 현재의 삶에서 느끼고 있다고 대답했다. 이는 비단 일반 사회에서만 일어나는 현상이 아니라 교회 안에서도 일어나고 있는 현상임을 보여주는 것이 분명하다. 그렇다면 교회는 무엇을 해야할까?

>> 소그룹의 필요성

사회 현상으로까지 이어지는 외로움은 개인이 스스로 해결하기는 쉽지 않다. 그러기에 교회는 좀 더 적극적으로 외로움에서 벗어나고 싶어하는 이들과 함께 해야 한다. 즉 성도간의 밀접한 만남이 일어나는 '교회 소그룹'이 활동을 활발하게 추진해야 한다는 뜻이다.

'목적이 이끄는 삶'이라는 책으로 유명한 윌로우크릭교회의 릭 워렌 목사는 소그룹의 중요성에 대해 오래 전부터 강조했다. 그는 소그룹을 정의하기를 '이기심을 버리고 공감하는 사랑을 연습하는 실험실'이라고 말했다. 신약성경에서도 50번 넘게 "서로"라는 말이 나오는데, 이것은 성도들이 소그룹을 통해 서로 사랑하고, 서로를 위해 기도하고, 서로를 위해 격려하며, 서로 권면하고, 서로 문안하고, 서로를 섬기는 등의 일을 경험하고 훈련함을 통해 영적인 근육이 발달되게 될 것임을 말한다.

앞선 조사에서 외로움을 해소할 수 있는 방법에 대해 묻는 질문의 대답을 살펴보면 많은 이들이 도서, 영화 감상, 여행, 취미활동, 동호회 등을 통해 외로움을 해소할 수 있을 것이라고 답변했다. 이 점을 상기할 때, 함께 대화하고, 격려하고, 취미활동을 함께 할 수 있는 교회 내의 소그룹은 소외와 단절로 인해 외로워하고 있는 이들과 코로나로 인해 교회로 복귀하지 못하는 이들에게 첫째로 진정한 교제를 배우게 하는 장이 될 것이고, 둘째로 하나님께서 우리에게 바라시는 사랑의 관계를 경험할 수 있게 할 것이며, 셋째로 교회의 공동체성을 유지할 수 있게 하는 중요한 열쇠가 되게 할 것이다.

소그룹은 교회 내에서 예배, 봉사, 전도, 친교, 교육 등의 여러가지 영역에서 다양한 형태로 나타날 수 있다. 그래서 코로나를 겪어낸 많은 교회들이 하이브리드 목회방식을 선택하고 있는 것이다. 오프라인과 온라인을 동시에 활용하여 함께 예배하고, 소그룹 활동과 양육활동을 진행하는 방법을 찾고 있다.

필자는 앞서 커뮤니티를 위한 플랫폼의 활용에서 '줌', '밴드'와 같은 모임을 위한 플랫폼을 제안했었다. 이를 제외하고 교회 소그룹을 위한 몇가지 플랫폼을 제안하고자 한다.

>> 소그룹을 위한 플랫폼

기독교 미디어 콘텐츠 플랫폼 '라잇나우 미디어"

유튜브에서 기독교 콘텐츠
를 찾는 것은 어렵지 않은
일이다. 그러나 제대로 분
별하지 않는다면 이단에서
제작된 콘텐츠들을 무분별
하게 접하게 된다. 이런 염

려 가운데 기독교인 모두가 안심할 수 있는 복음 콘텐츠를 제작하여 보급하는
플랫폼이 있다. 기독교의 넷플릭스라고도 불리는 '라잇나우 미디어'이다. 2만
여개 이상의 검증된 기독교 영상콘텐츠를 제공하고 있고, 전세계의 교회에서
활용할 수 있도록 각 나라의 언어를 지원하고 있다. 이 플랫폼에는 성인을 위
한 콘텐츠 뿐 아니라 어린이와 청소년을 위한 기독 콘텐츠도 제공하고 있다.

라잇나우 미디어는 영상을
제공하는 것에 그치지 않는
다. 바로, 소그룹 기능을 활
용할 수 있는 것이 그것인
데 라잇나우 미디어에서 제
공하는 소그룹 모임 학습자
료를 이용해 영상을 시청 후

(라잇나우 미디어에서 제공하고 있는 콘텐츠)

나눔을 진행할 수 있다. 또한 자체 영상 플랫폼 내에서 그룹채팅을 진행할 수 있어 같은 영상을 함께 보며 교제할 수 있는 큰 장점이 있다. 교회가 라잇나우 미디어과 구독계약을 맺으면 교회 전용 계정으로 로그인이 가능하고, 함께 영상을 볼 소그룹원들이나 성도들을 초대할 수 있다. 라잇나우 미디어를 사용할 수 있는 개인 아이디로 로그인이 가능하고, 라잇나우 미디어 내의 모든 콘텐츠를 시청 가능하다.

라잇나우 미디어의 큰 장점 중 하나는 '라이브러리' 기능이다. 목회자가 선별한 유튜브나 비메오 등의 영상 콘텐츠를 교회 자체 라이브러리에 추가할 수 있다. 이를 통해 성도들은 목회자가 추천하는 콘텐츠를 라이브러리에서 선택하여 볼 수 있게 된다. 바로 교회 성도들을 위한 영상도서관을 만들 수 있다. 그리고 미디어의 콘텐츠는 길이가 짧다. 편한 마음으로 짧은 영상을 시청하고 나서 정답을 제시하기 보다 함께 고민하고, 대화할 수 있는 질문들을 나눌 수 있다. 이를 통해 소그룹은 서로 소통하게 하고 관계를 더욱 쌓아 갈 수 있을 것이다.

>> 공동체 성경읽기

성경은 나만을 위한 것이 아닌 우리를 위한 것, 우리가 함께 어우러져 살아가는 공동체를 위한 것이다. 그리스도인이 그리스도인답게 살아가려면 주일 예배에 참여하는 것에만 그쳐서는 안된다. 하나님의 뜻대로 살아가기 원하는 그리스도인들은 하나님의 말씀을 함께 듣고, 읽어야 한다. 말씀에 비추어 삶을 돌아보고, 주님의 도우심을 구하며 살아가야 한다. 공동체 성경읽기는 교인 전체가 한 공간에서도 함께 진행하는 것도 가능하지만 나눔은 그리 쉽지 않다. 그래서 소그룹으로 모여 함께 성경을 읽고, 받은 은혜를 나눈다면 은혜가 더해질 수 있을 것이다.

공동체 성경읽기 with 드라마바이블

'공동체 성경읽기 with 드라마바이블' 앱은 처음에 드라마바이블이라는 이름으로 시작되었다. 국내의 유명 연기자와 성우들이 4년에 걸쳐 제작한 녹음본을 통해 성경을 좀더 실감나게 들을 수 있다. 한 예로 A교회는 드라마바이블을 설교 전 말씀을 봉독하는 시간에 활용하고 있고, B교회는 성경 전체를 새벽예배 시간에 정해진 시간만큼 읽어가는 경우도 있다. 안드로이드와 아이폰에서 무료로 다운받아 사용이 가능하다.

갓피플 성경읽기 '모임'

갓피플은 1999년에 인터넷으로 기독교콘텐츠를 공급하기 위해 설립된 회사이다. 갓피플에서 제공하는 콘텐츠 중 기독교인들이 많이 사용되는 앱은 '갓피플 성경'이다. 많은 기독교인들이 갓피플 성경앱을 통해 스마트폰으로 성경을 쉽고 편하게 접하게 되었다. 갓피플은 계속되는 개발을 통해 성경 앱에 '모임' 기능을 추가 하여 소그룹을 위한 '성경통독 모임'을 개설할 수 있게 되었다.

사용법을 간단히 살펴 보자. 갓피플 성경앱을 실행하면 '성경'화면이 먼저 보일 것이다. ❶ 하단의 '모임' 버튼을 클릭하면 '모임'을 위한 화면으로 전환된다. 전환 후 ❷ '모임 만들기'를 클릭한다. '모임명'을 넣을 수 있는 곳에 화면에 뜨면 원하는 소그룹 모임명을 적고 하단의 '모임 만들기'버튼을 클릭하면 간단하게 성경읽기 모임 공간을 만들 수 있다.

소그룹 멤버를 초대하기 위해서는 '초대'버튼을 눌러 카카오톡이나 문자로 보낼 수 있다(좌측 이미지). 받은 은혜를 한줄로 남기면, 소그룹원들과 함께 은혜를 나눌 수 있다(우측 이미지).

리딩지저스

'리딩지저스'는 성경을 그리스도 중심으로 창세기부터 요한계시록까지 일년에 일독하는 성경프로그램이다. 리딩지저스에서 제공하는 성경개요의 토대는 그리스도 중심 성경 해석학으로 잘 알려진 미국 웨스트민스터 신학교의 '구약

성경과 그리스도', '신약성경과 그리스도' 강의이다. 해설 영상은 성도들이 성
경을 이해하고 읽는데 큰 도움을 준다. 또한 소그룹을 인도하는 소그룹 리더
들의 부담을 줄여줄 수 있다.

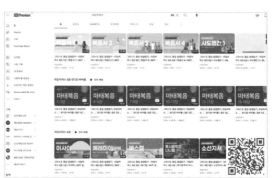

자체 제작된 '45주 성경 통
독표'로 하루에 구약 5장,
신약 3장 정도의 분량의 성
경을 읽으면 일년 1독이 가
능하도록 제공한다. 드라마
바이블과 마찬가지로 글로
만 이해하기 어려운 성경의 내용을 일러스트 영상을 통해 좀더 쉽게 이해할 수
있도록 돕는다. 리딩지저스는 교재도 구입할 수 있다. 이 교재로 개인이 성경
공부를 스스로 할 수 있고, 소그룹에서는 소그룹 리더가 이 교재를 활용해 나
눔 활동에 활용할 수 있다.

바이블 프로젝트

'바이블 프로젝트'는 성경을
읽는 기독교인들을 위해 한
화면으로 제작된 애니메이
션으로 성경의 각권을 요약
해준다. 앞서 소개한 플랫폼
들과 달리 성경을 읽는 이들

이 각 성경의 개요와 전체 줄거리를 파악하데 도움을 주는 자료 제공이 주된 목적이다. 이를 활용하고 싶다면, 리딩지저스의 소그룹 활용법과 마찬가지로 한 주간 주어지는 본문의 개요 부분의 영상과 이미지를 단체 카톡방에 전달하고 성경을 읽어 오게 하면 된다. 유튜브에서 '바이블 프로젝트'를 검색하면 동영상도 찾아볼 수 있다.

10

온라인 방송 따라하기
준비

>> 왜 온라인 예배인가?

현대 사회의 기술 발전은 다양하고 새로운 가능성을 제시하고 있다. 하늘을 나는 운송수단을 개발하여 교통의 혼잡을 해결할 방법들을 제시하고, 인간이 할 수 없는 영역들을 정밀하게 로봇이 대체해주는 수술실을 상상하며, 미지의 공간이었던 우주로 여행하는 여행상품들을 계획하고 있다.

한편, 기술의 발전은 우리가 교회의 사명을 더 넓은 영역으로 확장하고, 예수 그리스도의 사랑과 말씀을 더 많은 이들에게 전달할 수 있는 기회를 제공하게 되었다. 우리가 자연스럽게 드리는 온라인 예배 또한 이러한 기술적 혁신의 결과로 등장한 것이다. 온라인으로 드리는 예배가 제대로 된 예배인지에 대한 논의가 끊임없이 진행되었지만, 코로나로 인한 단절이 가져온 생활을 경험한 이후로는 그 생각이 많이 변화된 것이 사실이다.

교회가 온라인 예배를 함께 제공해야 하는 이유는 무엇일까? 몇 가지로 생각해 보자. 첫째로, 세대와 문화의 변화로 인해 많은 이들이 디지털 환경에서 생활하고 있다. 온라인 예배는 그들과의 연결을 강화하고, 신앙의 메시지를 그들의 일상으로 전달하는 중요한 방법이 될 수 있다. 둘째로, 온라인 예배는 지리적 제약을 극복하고 더 많은 이들에게 도달할 수 있는 수단이 된다. 이로써 교회의 사명은 지역을 넘어서 전 세계로 확장될 수 있다. 셋째로, 신체적인 이유로 예배에 참석하기 어려운 이들로 하여금 교회 공동체와 연결될 수 있는 기회를 제공할 수 있다.

>> 변화에 대한 대응

목회자들은 이러한 변화와 가능성에 적극적으로 대응하고 준비해야 한다. 복음전파라는 사명을 위해 우리는 새로운 도전을 두려워하지 않고 새로운 길을 개척하며 그리스도의 사랑을 세상에 전파해야 한다. 온라인 예배를 배우고 익히는 것은 목회자의 역량을 확장하고 교회를 성장시키는 데 필요한 요소 중 하나가 되어가고 있다. 목회자들이 온라인 예배를 통해 더욱 효과적으로 양육하고 성도들과 연결할 수 있다면, 교회의 영향력은 더욱 확대될 것이라 생각한다.

'온라인 방송(예배) 따라하기'의 준비과정을 먼저 살펴보자. 많은 양의 정보를 담을 수 없으나 온라인 방송을 위해 필요한 몇가지 요소를 나누고자 한다. 기술의 발전은 우리에게 주어진 하나님의 은혜의 한 부분이기에 관심있게 바라보고 이를 올바르게 활용하여 사역에 귀한 보탬이 되기를 기대해 본다.

>> 온라인 방송(예배)을 위한 장비 선정

코로나 팬데믹 이후 온라인 방송에 대한 다양한 방법들이 인터넷에 많이 공개되었다. 그중에는 재정의 한계로 인해 온라인 방송을 할 수 없는 교회를 위해서 스마트폰으로 방송하는 방법들도 많이 업로드되어 있다. 필자도 현장 강의시 스마트폰으로 방송할 수 있는 법을 함께 제안했다. 그러나 이번 글에서는 영상 장비를 구입하여 세팅하고자 하는 교회들을 대상으로 장비를 소개 한다.

카메라(캠코더)

(DLSR카메라[소니a7m3], 캠코더[NX80], PTZ카메라[UV570])

카메라는 몇 가지 종류가 있다. 먼저 영상 촬영을 위해 설계된 '캠코더'가 있다. 영상 촬영을 위해 설계되었기 때문에 장시간 영상 촬영에 적합하다. 그리고 '디지털카메라'가 있다. 이것은 본래 사진 촬영을 주 목적으로 개발되었으나 기술 개발로 영상 촬영을 함께 지원하고 있다. 디지털카메라의 배터리 용량은 크지 않다. 하지만 '더미 배터리'를 사용하면 실시간 영상촬영에도 사용 가능하다. 디지털 카메라의 종류 중 하나인 DSLR카메라의 경우 렌즈를 교환할 수 있어 렌즈를 통해 아름다운 영상미를 담을 수 있다. 그리고 현재 교회에 많이 보급된 카메라 중에 'PTZ 카메라'가 있다. PTZ 카메라는 Pan-Tilt-Zoom Camera의 약자로 상하좌우 그리고 줌, 아웃을 통해 피사체를 따라가며 촬영할 수 있는 카메라를 말한다. 우리가 잘 아는 움직이며 촬영하는 CCTV가 PTZ 카메라에 속한다. 현재 많은 교회나 기업들이 간편하게 피사체를 따라갈 수 있는 PTZ카메라를 선호하고 있고, 그에 따른 기술 개발도 많이 이루어진 상태이다. PTZ카메라의 장점 중 하나는 카메라마다 다양한 화면을 프리셋(Preset)으로 설정하여 원하는 카메라 위치와 화각을 쉽게 변경할 수 있다는 것이다. 예를 들어 설교자 화면은 1번에, 예배당 와이드 샷은 2번에, 십자가 샷은 3번에 저장한 후 저장한 번호

의 프리셋을 콜(call)하면 편하게 화면을 전환할 수 있다. 카메라의 선택시 화질
은 HD(1920x1080)사이즈 이상이면 충분하다. 현재 온라인 예배를 4K(3840x2160)
이상으로 송출하는 경우는 거의 없다.

비디오 캡처장치(보드)

(비디오 캡처장치도 고가에서 1만원대의 저가형까지 다양하다)

비디오 캡처장치란 NTSC방식 외 다양한 포맷의 영상 이미지들을 샘플링해서
PC에 파일로 입력하는 장치를 말한다. 한마디로 아날로그 데이터인 영상을 디
지털화하여 PC로 입력해주는 장치이다. 카메라나 캠코더를 PC에 연결한다고
해서 촬영되는 영상이 PC로 전달되지 않는다. 캡처 장치를 사용해야 PC에 영
상을 입력시킬 수 있다.

온라인 방송사업이 활성화됨에 따라, 이 캡처장치 기능을 내장하고 있는 캠코
더도 출시 되고 있다. PTZ카메라의 경우에는 비디오 캡처장치 기능이 내장되
어 있는 제품이 많이 출시되어 USB만 연결하면 영상이 PC에 입력된다. 이 비
디오캡처장치는 작은 사이즈의 장비이면서도 고가의 장비였다. 하지만 이 장
비도 저렴한 장비들이 많이 출시되어 고가의 70만원대 장비부터 중국제 1만원

대까지 다양하다(저가의 캡처장치의 경우 화질의 손실이 있어 방송 품질은 떨어진다).

오디오 인터페이스

(오디오인터페이스는 PC의 USB단자로 연결된다)

오디오 인터페이스는 아날로그 오디오 신호를 디지털 신호로 변환하여 PC로 입력하는 장치이다. 디지털 믹서의 경우에는 오디오 인터페이스의 기능을 가지고 있어 바로 USB로 연결하면 PC로 음성소스가 입력된다. 하지만 아날로그 믹서를 사용한다면 오디오 인터페이스는 필수이다. 온라인 방송에 있어 카메라만큼 아주 중요한 장비이다. 유튜브 영상을 시청해 본 경험이 있다면, 음성이 제대로 수음되지 않는 영상은 시청하기 불편했을 것이다. 오디오 믹서의 소리가 PC로 직접 입력하지 않고 현장에서 다양한 소음이 섞인 소리가 송출된다면 예배를 드리는 데 불편해진다.

영상 송출 소프트웨어

캡처카드와 오디오인터페이스를 통해 PC로 들어온 영상 소스와 오디오 소스는 분리되어 있다. 이 두 소스를 다시 믹스해서 온라인 방송플랫폼에 전달할 수 있는 매개체 역할을 하는 것이 영상 송출 프로그램이다. 현재 실시간 방송을 위한 소프트웨어가 많이 개발되었다. 그 중에서도 당연코 가장 많은 유저들이 사용하는 프로그램은 바로 OBS(Open Broadcaster Software) Studio이다. OBS는 누구나 사용할 수 있는 무료 공개 프

로그램이다. 코로나 팬데믹으로 어려움을 겪던 많은 교회가 온라인 예배로 쉽게 전환할 수 있었던 것도 바로 OBS가 온라인 방송인들을 위해 코로나 이전에 먼저 개발되었기 때문이다.

OBS는 단순히 카메라로부터 영상을 입력 받아 유튜브와 같은 영상공유 플랫폼에 송출해 주는 역할만 하지 않는다. 영상 송출과 함께 영상녹화를 실시간으로 제어할 수 있다. 또한 카메라 소스를 선택할 수 있는 스위칭 기능이, 컴퓨터 화면을 송출할 수 있는 기능, 가상카메라를 통해 ZOOM과 같은 온라인 회의 프로그램에 송출화면을 보낼 수 있는 기능, 송출 영상의 색상 보정 기능, 오디오의 제어할 수 있는 노이즈게이트와 컴프레서 기능 등 사용자의 의도에 따라 여러 형태로 활용할 수 있는 다양한 기능들이 내장되어 있다.

온라인 방송 플랫폼

카메라에서 영상을 입력받고, 오디오 인터페이스로 음성을 입력받은 후 OBS 프로그램으로 믹스된 최종 영상은 이제 영상공유 플랫폼을 통해 송출되어야

한다. 송출을 위해 가장 많이 사용하는 플랫폼은 '유튜브(Youtube)'일 것이다. 유튜브를 이용하는 시청자 수가 월등히 많고, 성도들 또한 유튜브를 사용하는 것이 익숙하기 때문이다. 비공개 온라인 예배를 원하는 경우에는 '밴드(band)'로 방송을 진행할 수 있다.

그렇다면 어떻게 OBS라는 프로그램과 온라인 방송 플랫폼이 연결될 수 있을까? 영상공유 플랫폼에는 실시간 방송을 진행할 수 있는 서버가 있다. 유튜브 스튜디오를 이용하는 운영자에게는 서버로 연결할 수 있는 서버 주소가 제공

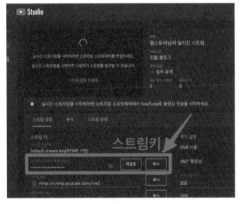

된다. 그리고 이 서버에 접속할 수 있는 유튜브 채널별 '라이브 스트림키(Stream key)'가 방송시 마다 랜덤으로 제공된다. 이 스트림키를 OBS프로그램에 입력하고 방송을 시작하면 유튜브에 실시간 방송이 송출된다.

자막 프로그램

이제 송출하고자 하는 영상 위에 자막을 입히는 과정이 남았다. 온라인 예배를 드리는 성도들에게 찬양의 가사나 성경 구절들이 화면에 함께 송출되게 하는 것은 그리 어려운 일이 아니다. 자막을 영상에 입혀 송출하는 방식은 몇가지 방식이 있다. 영상 보드를 통해 Key 소스와 Fill 소스를 사용하여 자막을 운용하는 '키필(Key&Fill)방식'과, 프리젠테이션 화면에 초록색이나 파랑색을 적용하여 색

을 빼고 입히는 '크로마키(chroma-key) 방식'이 있다. 그리고 영상의 최종단에서 자막을 덮어버리는 '오버레이(Over-ray)방식'이 있다. 이 중 하나를 선택하여 사용하면 자막을 영상 위에 띄울 수 있다. 값비싼 자막프로그램들은 영상 스위처에서 키필소스를 받아 자막을 생성하지만, 이 또한 사용자의 선택에 달려있다.

교회에서 자막프로그램을 운용하는 것은 상당한 비용을 지출해야 한다. 그러나 이것을 파워포인트와 같은 프리젠테이션 프로그램의 배경에 초록이나 파랑색을 설정하고 자막을 만들고, OBS나 카메라 스위처에서 크로마키로 색을 빼내면 비용을 들이지 않고도 자막을 사용할 수 있다. 파워포인트는 누구나 편하게 사용할 수 있는 프로그램이기에 봉사자들도 쉽게 프로그램을 운용할 수 있는 장점이 있다.

(좌: 파워포인트 자막화면 / 우: 송출된 화면)

필자의 교회도 파워포인트로 자막을 사용 중이다. 앞으로 준비단계를 거쳐 '프로프리젠터(Propresenter)'로 전환할 예정이다. 이를 위해서는 프로프리젠터 사용을 위한 봉사자의 교육이 필요하다. 왜 교육을 하면서까지 프로그램을 바꾸려고 할까? 프로프리젠터의 가장 큰 장점은 다양한 형태로 영상을 출력할 수 있다. 예를 들어 강단 위의 찬양가사 화면과 찬양팀이 보는 가사화면을 다르게 분리 출력할 수 있고, 방송으로 송출되는 자막화면과 로비에 달려있는 영상의 화면을 모두 하나의 컴퓨터로 간편하게 다양한 형태로 송출하는 강력한 프로그램이다. 또한, 움직이는 배경 영상에 자막을 띄우고 싶다면 프로프리젠터를 통해 쉽게 운용할 수 있다.

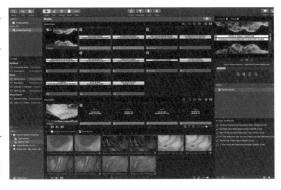

(프로프리젠터의 인터페이스)

>> 추가 추천 장비

PTZ 컨트롤러

PTZ 카메라가 상하좌우 줌인 아웃을 편하게 사용할 수 있는 카메라임을 앞서 언급하였다. PTZ 카메라를 구매할 경우 카

메라의 움직임을 작동할 수 있는 리모콘이 함께 제공된다. 그러나 리모콘 만으로 카메라를 컨트롤 하는 것은 쉬운 일이 아니다. 필자는 PTZ 카메라를 교회에서 운용하고 싶다면 컨트롤러를 함께 구입하기를 추천한다. 컨트롤러가 있으면, 방송실에서 편하게 카메라를 컨트롤 할 수 있고, 여러대의 카메라를 한대의 컨트롤러로 쉽게 운용할 수 있다(PTZ컨트롤러의 경우 최대 255대의 카메라까지 운용이 가능하다). 또한 교회에서 원하는 샷을 다양하게 저장하여 쉽게 불러들일 수 있다.

영상 스위처(switcher) or 영상 믹서

OBS라는 중계프로그램을 잘 활용하면 영상 스위처와 같은 효과를 응용할 수 있다. 그러나 손으로 직접 터치하여 컨트롤 하는 방식보다는 운용이 쉽지

않은 것이 사실이다. 영상 스위처는 여러대의 카메라 영상소스를 입력하여 화면전환, PIP(Picture in Picture), 마스크 등의 효과를 적용하여 최종 영상을 출력해 주는 장비이다. 앞서 언급한 파워포인트의 초록색 바탕 소스를 크로마키로 색을 빼는 작업도 스위처에서 쉽게 적용할 수 있다(소프트웨어 OBS 프로그램도 가능). 그

리고 스위처에 입력되고 있는 영상소스를 한눈에 볼 수 있도록 멀티뷰 화면을 제공한다. 멀티뷰 화면으로 다음에 전환할 영상소스를 미리 확인할 수 있는 큰 편리함이 있다.

(블랙매직사의 ATEM Mini Pro의 멀티뷰 화면)

많은 영상스위처 장비들이 많이 출시되어 있지만 특별히 블랙매직사의 Atem-Mini 시리즈들은 교회에서 접근하기에 좋은 가성비 장비들이다. 그리고 이 시리즈에는 앞서 언급한 '영상캡처장치'기능이 내장되어 있다. 그래서 외부로 부터 받은 영상소스를 합성하여 USB를 통해 PC에 영상을 쉽게 입력할 수 있다.

11

온라인 방송 따라하기
실전

>> 온라인 방송을 위한 하드웨어 세팅

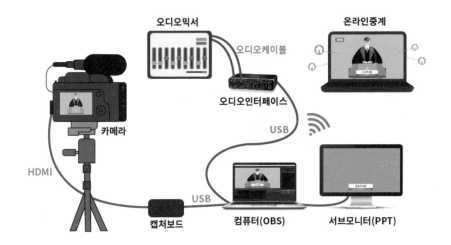

(온라인 방송 계통도)

카메라 1대를 이용한 온라인 방송에 대해 설명하려 한다. 이 계통도를 먼저 이해한다면 2대 이상의 카메라를 사용하는 경우도 쉽게 이해할 수 있을 것이다.

[영상신호의 입력 흐름도] 카메라 -> 캡처보드 -> 컴퓨터

[음성신호의 입력 흐름도] 음향믹서 -> 오디오 인터페이스 -> 컴퓨터

온라인 방송을 위해 위 입력 흐름도 따라 영상신호와 음성신호를 컴퓨터로 입력하는 것이 먼저 해야할 일이다. 위 그림의 파란색 선은 영상 신호의 흐름을 나타내고 있으며, 빨간색 선은 음성신호의 흐름을 나타내고 있다. 캡처보드와 오디오 인터페이스는 모두 USB 케이블로 입력이 된다.

1. 카메라와 캡처보드 연결하기

캠코더나 카메라로 촬영 중인 영상은 카메라의 아웃풋(output)단자를 통해서 컴퓨터로 입력 되어야 한다. 카메라에는 세 가지 형태의 HDMI단자가 있다(다양한 영상 신호 케이블 중 HDMI를 기준으로 설명).

(HDMI 단자의 세가지 형태)

위 그림에서 좌측 타입이 우리가 일반적으로 알고 있는 '기본형 HDMI' 케이블 단자이다. 그리고 중간은 'MINI HDMI' 케이블 단자, 가장 우측은 'MICRO HDMI' 케이블 단자이다. 같은 HDMI 케이블임에도 왜 이렇게 다양한 형태가 있을까? 제조사가 카메라의 크기에 따라 선택 생산할 수 있도록 규격화 한 까닭이다. 기본형의 단자를 채택하기에는 카메라가 작은 경우, 그보다 작은 미니 또는 마이크로 단자를 선택하여 카메라에 탑재한다.

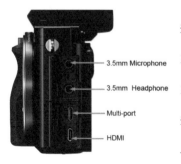

카메라의 단자를 확인하여 HDMI의 규격 크기에 맞는 케이블을 준비해야 한다. 단자의 크기에 맞게 케이블을 준비했다면 캡처보드와 카메라를 연결하자. 좌측 그림의 카메라의 경우에는 HDMI라고 적혀 있지만, 정확히 말하

면 MICRO HDMI단자를 채택하여 탑재한 것이다.

2. 캡처보드와 컴퓨터 연결하기

캡처보드에 영상신호를 입력했다면, 이제 USB케이블을 통해 PC와 연결해야
한다. 이렇게 카메라와 캡처보드 그리고 PC가 연결이 된다면 카메라의 영상
신호는 컴퓨터에 들어오게 된다. 위 그림은 HDMI가 입력되는 캡처보드이다.
하지만 카메라에서 SDI단자로 영상이 출력이 되는 경우에는 SDI를 입력할 수
있는 캡처보드를 선택해야한다.

3. 오디오 인터페이스와 음향 믹서 연결하기

깨끗한 음성신호를 컴퓨터
에 입력하기 위해서는 음향
믹서의 아웃풋(OUTPUT)에서
'오디오 인터페이스'로 연결

하여(TS 5.5 케이블이나 XLR케이블 사용) 컴퓨터에 입력해야 한다. 그림은 음향 믹서의
다양한 아웃풋 중 하나인 AUX(외부출력)단자에서 음성신호를 출력하는 모습이
다. 이렇게 하면 각 채널마다 있는 AUX 노브를 올려 방송으로 송출할 신호를
선택하고 레벨을 조절하여 보낼 수 있다. 음향믹서에서의 아웃풋은 사용자에

따라 버스(BUS)단자 또는 테잎 아웃(TAPE OUT)단자를 선택할 수 있다. 대부분의 오디오 인터페이스는 컴퓨터로 들어가는 음성신호의 양조절이 가능하기 때문에 오디오 콘솔의 아웃풋에서 적당량을 송출하고 세밀한 조정은 오디오 인터페이스에서 조절하기를 추천한다.

이 사진은 코로나 펜데믹시 필자의 교회에서 처음 시행한 온라인 예배 세팅이다. 이것은 앞서 설명한 것과 같은 세팅이다. 물론 설명하지 못한 보조모니터와 몇 가지 장  비의 모습도 보이지만, 그것들은 필수 요소가 아니다. 좀 더 편하게 방송을 운용할 수 있도록 돕는 것들이다. 한 사람이 카메라를 세팅하고, 앉은 자리에서 PPT(자막)까지 운용할 수 있는 세팅이다.

하드웨어를 모두 연결했다면 컴퓨터로 들어온 영상, 음성신호를 하나로 합칠 수 있는 프로그램을 사용해야한다. 바로 OBS(Open Broadcaster Software)이다. 이 OBS는 다양한 신호를 합성할 수 있는 프로그램이다. 영상과 음성신호를 뿐 아니라 '크로마키' 및 '알파키' 등으로 입력된 자막 파일을 합성할 수도 있다.

1. 방송을 위한 장면 만들기

이제 OBS 프로그램에서 장면을 만들어 보자. OBS는 스위처와 같은 역할을 한다고 언급했다. 스위처의 화번 버튼과 같은 역할을 하는 것이 바로 '장면'이다.

'장면'을 만들기 위해 '장면 목록'이라는 탭에서 ❶의 '+'버튼을 클릭하자. 클릭 후 ❷에 '장면'의 이름을 적고 '확인'버튼을 누르자. 일단 아무 소스도 없는 하나의 '장면'이 만들어 졌다. 두개 이상의 화면을 전환하고 싶다면 장면을 추가하면 된다. 이 '장면'은 카메라로부터 들어오는 영상신호를 장면으로 설정할 수도 있고, 이미지를 장면으로 만들 수도 있다. 또한 컴퓨터의 '윈도우(창)' 화면을 캡처하여 보여줄 수도 있다. 이런 것들을 바로 '소스'라고 한다. 장면 안에 원하는 소스를 추가하여 화면을 다양하게 구성할 수 있다.

2. 장면에 소스 추가하기

이제 만든 '장면'에 카메라 영상
소스를 추가해보자. '소스 목록'
탭에서 아래쪽 ❶의 '+'버튼을 클
릭하자. 나오는 창에서 ❷와 같
이 '비디오 캡처 장치'를 클릭하
자. 클릭하면 '소스'의 이름을 설
정하는 창이 뜬다. 그곳에 '소스'

의 이름을 지정해 주자. 필자의 경우 카메라 소스가 캡처카드를 통해 받은 영상
신호이기 때문에 '캡처카드'라고 설정하였다. 설정 한 후 하나의 창이 더 뜨게 된
다. 바로 '소스'의 속성을 설정하는 창이다.

❶ 자신이 각자의 컴퓨터에 연결한 '
비디오캡처카드'를 선택한다. 선택
된 장치의 영상신호를 입력하겠다
는 의미이다. ❷ 해상도/FPS는 '사
용자 정의'로 선택한다. ❸ 해상도는
'1920x1080'로 설정한다. 이렇게 하면
FHD급으로 인터넷 방송을 송출 할
수 있게 된다. ❹ FPS는 '30'프레임으

로 설정한다. 위 설정을 정리하면 '캡처카드'를 통해 입력된 영상신호를 FHD
해상도(1920x1080)와 30프레임으로 온라인 송출하겠다는 의미이다.

이렇게 카메라로부터 받은 영상신호를 OBS의 '장면'에 설정하였다. 앞서 장면은 여러가지로 설정할 수 있다고 했다. 필자의 교회에서 사용하고 있는 몇 가지 장면을 소개한다.

(기도시 사용하는 십자가 화면)

필자의 교회에서는 설교 후 함께 통성으로 기도할 때 사용할 십자가 장면을 미리 준비했다. '카메라로 십자가를 직접 비추면 좋지 않나?'라는 생각을 할 수 있다. 그러나 PTZ카메라를 비롯하여 일반적인 캠코더는 전등이 암전된 상태에서 포커스(초점)를 유지하기가 쉽지 않다. 계속해서 포커스를 잡기 위해 블러링 현상이 반복되기에 십자가 사진을 미리 잘 찍어 하나의 '장면'으로 지정해 놓았다.

또한 예배시 부득이하게 저작권이 있는 영상이나 음원을 재생해야하는 경우가 있다. 이 때 저작권이 있는 영상을 그대로 온라인 방송으로 송출하게 된다면 해당 교회의 채널은 저작권으로 인해 몇 차례 경고 후 정지 될 수 있다. 이런 경우를 대비해서 담임목회자와 사전에 상의하여 저작권 관련 영상을 재생하는 타이밍에 '저작권 보호 장면'을 띄우고 음소거를 한다면 성도들은 영상 재생 후에 다시 예배가 복귀 될 것임을 알고 기다릴 수 있게 된다. 필자는 이렇게 '저작권 관련 장면'을 미리 준비하여 온라인 송출시 활용하기를 추천한다.

(저작권 보호를 위한 화면)

* 이미지를 장면의 소스로 추가하고 싶은 경우 '소스 목록'에서 '+'버튼을 누른 후 '이미지'탭을 클릭하면 추가할 수 있다.

3. 오디오 설정하기

오디오 설정을 위해서는 OBS의 첫화면에서 '설정'버튼을 클릭하자(프로그램 우측 하단에 있음). '설정' 창이 뜨면 하나씩 따라해 보자.

❶ '오디오' 버튼을 클릭한다.
❷ '마이크/AUS오디오'를 선택한다. 다른 탭을 선택해도 무관하다. ❸ '비활성화' 목록 아래방향에 각자가 연결한 오디오 인터페이스의 이름을 선택한다. 필자의 경우

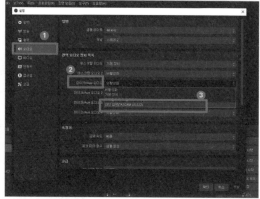

'US-322'이라는 오디오 인터페이스를 선택하였다.

위와 같이 설정하면 오디오 인터페이스로부터 들어온 오디오 신호를 이제 영상과 함께 송출할 수 있다. 어떤 이들은 '소스 목록'에서 오디오 재생장치를 선택하기도 한다. 이 경우에는 다른 장면을 선택한다면 오디오 장치도 '소스'의 일부분이 되기 때문에 화면 전환시 오디오 신호가 제대로 송출되지 않는 사고가 발생할 수도 있다.

4. 오디오 신호에 '리미터' 설정하기

예배에는 설교와 찬양이 함께 공존한다. 그로 인해 음압의 폭이 아주 넓다. 이로 인해 오디오 설정을 제대로 못하는 경우 피크(peak)로 음향이 찌르러지는 상황이 발생한다. 이 때 '리미터(Limiter)'라는 필터를 적용하면 피크로 인한 음성 찌그러짐 현상을 조금 완화할 수 있다. 물론 음향신호를 보낼 때 양을 직접 컨트롤 해주는 것이 제일 좋다. 필자의 교회의 경우에는 송출하는 음성 신호를 조절하여 보내주지만 부득이한 경우를 위해 안전장치로 '리미터'를 설정해 놓았다.

❶ 마이크/AUX의 하단 위아래 점세개 버튼을 클릭 후 ❷ '필터'버튼을 클릭한다.

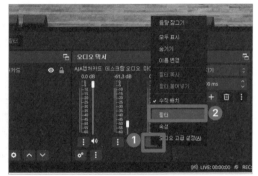

'마이크/AUX에 대한 필터'라는 창이 뜨
면 ❶ '+'버튼을 클릭하여 ❷ '리미터'를
선택해준다.

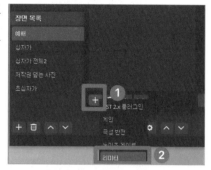

이제 좌측에 생성된
❶ '리미터'를 선택하
고 ❷ 의 값을 '-2dB'로
설정해주면 된다.

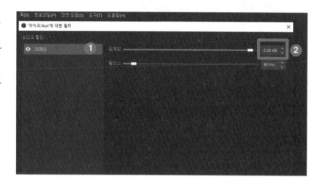

5. PPT로 자막넣기

PPT로 자막을 '크로마키 합성 방식'을 통해 영상에 합성하고자 한다. PPT 배경
색을 '녹색'으로 설정하여 자막파일을 제작하면 녹색 부분을 투명하게 합성할
수 있다. 이를 위해 먼저 만들어 놓았던 카메라 소스가 있는 장면으로 이동하자.
'소스 목록'에서 '+'버튼을 눌러 PPT화면을 소스목록에 추가해야 한다.

'PPT'소스에 마우스를 우클릭 하고 '필터'를 선택한다.

새로운 창이 뜬다면 하단의 '+'버튼을 클릭한 후 '색상키'를 선택한다.

이제 '키 색상 형식'을 '녹색'으로 선택하면 PPT를 투명한 자막으로 사용할 수 있

다. 하단에 필자의 상세 설정은 참고로 적어 놓겠다.

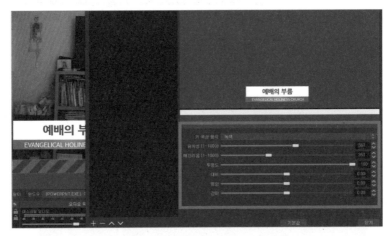

*유사성 567 / 매끄로움 351 / 투명도 100 / 대비 0 / 명암 0/ 감마 0

12

미디어 사역을 위한
영상 살펴보기

>> 영상 이론

해상도란?

모니터 또는 텔레비전과 같은 화면에 나타난 이미지의 총 '픽셀수'를 말한다. '픽셀(Pixel)'은 디스플레이를 구성하는 사각형 형태의 가장 작은 단위이다. 이 외에 인쇄에 사용하는 이미지의 정밀도를 말하기도 한다. 이미지를 표현하는 데 있어 몇개의 픽셀을 사용하였는지의 지표가 되기도 한다.

디스플레이를 예를 들어, 볼록한 브라운관 시절의 화질은 SD화질이라고 칭하며 640x480 Pixel 로 표기한다. 우리가 잘 알고 있는 FHD화질은 1920x1080 Pixel 이다. 해상도 정리표는 아래를 참고하면 된다.

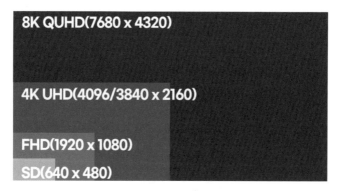

SD - 디지털 방송규격으로 고화질 방송(HDTV)의 시청 대안

HD - 고화질 해상도(1280 x 720)

FHD - 풀 고화질 해상도(1920 x 1080)

UHD- 울트라 고화질 해상도 시네마 4K와 일반 4K로 나뉨 (4096 x 2160 / 3840x2160)

QUHD - 쿼드 HD - 8K(7680 x 4320)

프레임 레이트(Frame Rate)란?

프레임 레이트를 알기 위해서는 먼저 프레임(Frame)에 대해 먼저 알아야 한다. 프레임은 영상을 구성하는 연속된 화면의 가작 작은 단위이다. 바로 '한 장'의 이미지를 말한다. 프레임 레이트는 영상을 촬영할 때 생성되는 프레임 수를 말한다. 촬영시 촬영자의 표현하고 싶은 바에 따라 24fps, 30fps, 60fps를 선택하여 촬영한다.

- 24fps = 1초에 24장의 이미지를 보여줌(23.976fps)
- 30fps = 1초에 30장의 이미지를 보여줌(29.976fps)
- 60fps = 1초에 60장의 이미지를 보여줌(59.94fps)

우리가 시청하는 TV의 일반적인 프레임수는 30fps(정확히는 29.97fps)이다. 60fps나 120fps는 슬로우 영상을 제작할 때 촬영한다. 고속으로 촬영 후 30fps의 속도로 재생하면 자연스러운 슬로우 영상을 얻을 수 있다. 30fps보다 낮은 24fps의 경우 역동적인 동작을 촬영하는 영화의 경우에 많이 사용한다.

화이트밸런스(White Balance)란?

카메라 촬영시 빛에 따라 색 표현의 차이가 생긴다. 색온도가 낮으면 붉은 색을 띄고, 색온도가 높은 경우에는 푸른 빛을 띄게 된다. 색온도로 인해 원래의 피사체의 색이 달리 표현되기에 카메라의 화이트밸런스 기능으로 이상적인 흰색이 촬영되도록 조정할 수 있다. 이를 '화이트밸런스를 잡는다'고도 표현한다. 또한 이 기능을 활용하여 영상제작자는 본인이 표현하고자 하는 영상미를 위해 의도적으로 색을 푸르거나 붉게 촬영할 수 있다.

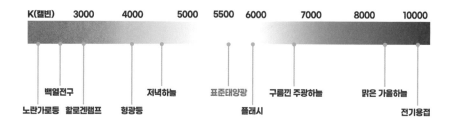

색온도

우리가 일상생활에서 램프를 구매할 때도 유심
히 본다면 색온도가 적용되어있음을 알 수 있
다. 주광색이라고 말하는 형광등 색은 색온도
6000k정도로 우리가 익히 흰색으로 알고 있는
색이다. 전구색은 3000k정도로 오렌지 빛을 띄
는 색이다.

(이미지출처 : 필립스)

(이미지출처 : 네이버블로그 THE MONG)

플리커 현상(Flicker)

일정한 간격으로 점멸하는 빛의 자극에 의해 생기는 현상이다. 점멸하는 간격에 따라 어른거리거나 검은 줄이 위로 흐르는 현상을 플리커 현상(Flicker phenomenon)이라고 한다. 형광등 아래에서 스마트폰이나 카메라로 영상을 촬영 시 화면에 검은 줄이 생겨 위로 일정 간격을 유지한 채 올라가는 현상이 바로 '플리커'이다. 이는 형광등의 깜빡임 현상 때문에 발생한다. 이를 해결하기 위해 '플리커 프리

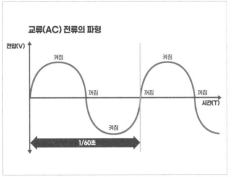

(Flicker Free)' 스티커가 붙은 램프를 사용하길 추천한다. 형광등에서 꼭 촬영해야하는 경우에는 셔터스피드를 1/60초, 1/120초 등으로 설정해 촬영하면 어느 정도 플리커 현상을 줄일 수 있다.

비디오 코덱(Video Codec)

코덱(Video Codec)은 '코딩/디코딩'을 줄임말로, 비디오와 오디오 데이터를 압축하고 풀어내는 소프트웨어를 말한다. 이 비디오코텍을 통해 동영상 데이터를 압축하여 파일의 크기를 줄일 수 있다.

H.264(AVC)

최근 가장 널리 사용되는 비디오 코덱 중 하나이다. 많은 카메라들이 H.264 코덱으로 압축하여 촬영에 사용하고 있으며, 파일 사이즈가 작아 배포하기에도 용이해 비디오 코덱 가운데 매우 활발히 사용되는 코덱의 한 종류이다. 스마트폰을 비롯하여 가정용, 업무용 영상 장비까지 다양한 분야에서 사용되어지고 있다.

H.265(HEVC)

H.264의 후속 버전 코덱으로 더 높은 압축률을 제공(H.264대비 절반정도의 용량으로 압축)하고, 고화질 동영상 스트리밍에 사용된다. UHD(3840x2160)해상도에 적합하다.

동영상 포맷(Video Fomat)

포맷(Format)은 비디오와 관련된 데이터를 저장하는 파일 형식을 말한다. 비디오 코덱과 함께 적용되어 특정한 비디오 파일을 저장하게 된다. 동영상 포맷은 다양한 형태가 있다. MP4, MOV, AVI, WMV, KMV 등이 있다.

AVI(Audio Video Interleaved)

AVI는 마이크로소프트(Microsoft)사가 개발한 포맷이다. 비압축 포맷 방식이라 용량이 크다는 단점이 있다. AVI는 고화질 동영상을 저장하거나 편집할 때 사용된다.

MP4

MP4는 광범위하게 사용되는 포맷 형식이다. H.264 코덱을 사용으로 영상 품질의 저하가 적으며 압축률이 높다. 그래서 MP4방식은 고화질 동영상을 작은 파일로 저장할 때나 온라인으로 공유할 때 많이 사용한다.

MOV

MOV는 애플(Apple)사에서 개발한 포맷으로 맥의 표준 동영상 포맷이다. 퀵타임 플레이어에서만 재생이 됐다. 그러나 최근 출시된 다양한 플레이어에서 MOV파일의 재생을 지원한다. 압축률과 화질이 좋아 영화 현장에서 많이 사용한다. MOV는 대부분의 코덱을 지원한다.

MKV(MatrosKa multimedia container for Video)

MKV는 가장 최근에 나온 것으로 동영상과 오디오, 그림, 자막까지 포함할 수 있는 영상포맷이다. MKV에서 약자 M은 "Matroska"로 인형 안에 인형이 계속 들어가있는 러시아의 민속 인형인 마트료시카 인형을 뜻하는 단어에서 나온 단어이다. 다수의 영상과 오디오 그림, 자막까지 담을 수 있는 특성을 마트료시카 인형에 비유하여 따온 단어이다.

비트레이트(Bit rate)

비트레이트는 초당 비트 전송률이라고 하여 1초에 처리하는 데이터의 수를 뜻한다. 예로 동영상 파일의 길이가 10초 일 때 용량이 30MB라면 초당 3MB의 영상이라 말한다. 비트레이트는 초당 전송되는 데이터의 양이기에 비트레이트가 높을 수록 더 많은 정보를 담고 있어 영상의 화질은 크게 향상된다. 또한 높은 비트레이트의 영상은 후반 작업을 하는데 용이하다. 색보정 작업을 하더라도 많은 색정보를 가지고 있는 높은 비트레이트의 영상일 수록 품질의 저하 없이 보정 및 수정이 가능하다. 비트레이트가 높아질 수록 많은 정보를 가지고 있기에 용량은 커진다.

>> 촬영이론

샷의 종류

1. 풀샷(Full Shot) 또는 롱샷(Long Shot)

풀 샷은 피사체의 전체가 나오도록 담 는 샷이다. 롱샷의 경우는 보다 넓은 범 위의 배경을 함께 담아 전체적 상황을 인지하는데 사용된다. 표정보다는 행 동과 상태를 나타낼 때 사용한다.

2. 니샷(Knee Shot)

대체로 인물의 무릎 아래까지만 프레임 에 담는 샷이다. 인물의 행동이나 동작을 보여준다. 키가 작은 경우 니샷으로 단점 을 보안할 수 있다.

3. 미디엄샷(Medium Shot)

미디엄샷은 인물의 상반신을 주로 보여 주는 샷이다. 대체로 허리 정도까지만 프 레임에 담는 샷이다. 가장 보편적으로 사 용한다.

4. 바스트샷(Bust Shot)

바스트샷은 인물의 상반신을 집중적으로 보여주는 샷이다. 하체는 나오지 않고 가슴 부분부터 얼굴까지 프레임에 담는 샷이다. 미디엄 샷과 함께 기본이 되는 샷이다. 미디엄 샷보다는 조금 더 집중된 모습을 강조할 수 있다.

5. 클로즈 업샷(Close Up Shot)

클로즈샷은 인물의 표정이나 사물의 한 부분을 크게 잡는 샷이다. 공간에 대한 정보는 배제하고, 인물의 표정이나 사물의 한 부분을 크게 강조할 때 사용한다. 이런 샷을 통해 시청자로 하여금 감정이입과 주의 집중의 효과를 얻을 수 있다. 연출자의 의도를 강하게 표현하고 싶을 때 사용한다.

6. 익스트림 클로즈샷(Extreme Close Up Shot)

사소한 부분을 아주 가까운 거리에서 극단적으로 크게 촬영하여 영상 언어를 전달 할 수 있는 샷이다. 이 경우 강렬한 시각적인 표현을 할 수 있다.

앵글의 종류(앵글은 피사체를 찍기 위해 카메라를 피사체에 위치했을 때 생기는 각도이다.)

1. 아이레벨 앵글(Eye Level Angle)

아이레벨 앵글은 물체나 사람의 눈높이
와 같은 높이에서 바라보는 앵글이다.
대상을 더 친밀한 느낌이 들도록 할 때
사용한다. 촬영 대상의 시각적인 관점
에서 공감하고자 할 때 많이 활용된다.

2. 하이 앵글(High Angle)

하이 앵글은 물체나 사람을 아래로 바라
보는 시각으로 앵글이다. 카메라가 물체
보다 높은 곳에 있기 때문에 위에서 아래
를 내려다 보는 느낌을 주고 대상은 작아
보이게 된다. 하이앵글에서 대상은 외로
운 느낌이나, 약한 느낌을 줄 수 있다.

3. 버즈 아이 뷰 앵글(Bird's eye view Angle)

버즈 아이 뷰 앵글은 새의 눈 같이 아주
높은 곳에서 보는 것 같은 각도와 높이
에서 물체나 대상을 바라보는 앵글이
다. 드론으로 촬영하여 대상의 상황이
나 위치를 이해하게 쉽게 할 수 있다. 이

앵글은 심리적으로 우월감을 느끼게 한다.

4. 로우 앵글(Low Anglel)

로우 앵글은 물체나 대상의 아래에서 위로 바라보는 앵글이다. 낮은 위치에서 촬영하기에 대상을 크고 강렬하게 보이게 할 수 있다. 인물들을 영웅과 같이 표현하고 싶을 때 사용되고, 운동성과 속도감을 높여주고 싶을 때 사용되기도 한다.

>> 편집이론

연속성(Continuity)

영상 편집의 중요한 요소 중 하나이다. 이야기의 흐름이 끊기지 않고 자연스럽게 이끌어 시청자로 하여금 화면에 몰입할 수 있도록 편집하는 것을 편집의 연속성이라 말한다. 이 연속성을 생각하고 촬영이 선행되어야 하고, 편집에서도 사용할 컷들을 연속성에 맞춰 편집할 수 있게 배열할 수 있어야 한다. 연속성을 유지할 수 있는 방법에는 다양한 방법이 있다.

내용의 연속성

내용은 시간과 공간의 요소들을 통해 연결시켜 줄 수 있다. 낮 시간대에 촬영된 샷들 중간에 갑자기 밤에 촬영된 샷이 나타난다면 연속성을 깨버리게 된다. 또한 야외에서 촬영한 샷들 중간에 실내샷이 아무런 이유 없이 삽입되었다면 이 또한 연속성을 깨버리게 된다. 또 다른 예로, 앞 샷에서 안경을 끼고 있었던 인물이 안경을 내려놓는 중간샷 없이 안경 없는 얼굴로 나온다면 연속성을 깨버리게 된다.

소리의 연속성

같은 공간에서 촬영된 영상은 그 소리가 같은 레벨로 들려야한다. 두 사람이 같은 장소에서 대화하는 장면에서 어느 한 샷에서 인물의 소리 레벨이 달라지거나, 배경의 소리 레벨이 달라진다면 연속성을 유지할 수 없다.

움직임의 연속성

움직이는 방향도 연속성과 관련있다. 사물이 움직이는 방향성이 틀어져 버린 다면 연속성을 유지할 수 없게 된다. 연속성을 유지하려면 촬영 시에 움직임 의 방향성을 고려하여 촬영해야 한다.

쿨레쇼프 효과(Kuleshov Effect)

서로 다르게 촬영된 영상 소스를 적절히 붙여서 새로운 장면이나 내용을 만드 는 기법을 '몽타주'라고 한다. 몽타주 기법으로 감독은 자신이 표현하고자 하 는 내용을 편집을 통해 만들어 낼 수 있다. 한 예로 영화 감독 '레프 쿨레쇼프' 가 진행한 '쿨레쇼프 효과'가 유명하다. 이 실험은 무표정한 남자의 표정 뒤에 나오는 장면에 따라 서로 다른 정서를 느끼게 해줄 수 있게 할 수 있다는 것이 다. 무표정한 얼굴 뒤에 아이의 관을 편집해서 넣었을 때는 남성의 얼굴이 슬 퍼 보이고, 무표정한 남성의 얼굴 뒤에 식탁에 놓인 음식을 편집하면 배고파 보이게 하는 효과이다.

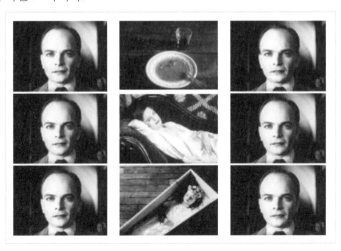

영상합성의 종류

크로마키(Chroma Key)

영상 합성기술을 위해 그린스 크린 또는 블루스크린 앞에서 촬영하여 배경을 분리한다. 그 린스크린은 색이 가장 밝고 고 르게 분포 되어있고, 인체에서 가장 적은 색상인 피부색과 보

색관계에 있어 배경제거에 용이하다. 블루스크린의 경우 서양인의 눈동자 색 이 블루인 경우가 있어 서양에서는 그린 스크린은 선호한다. 중요한 것은 상황 에 따라 매트의 색상을 어떤 것으로 할 지 선택하는 것이다.

루미넌스키(Luminance Key)

루마키(Luma Key)라고도 하는 루미넌 스키는 휘도(=밝기)차이를 이용하여 합성하는 방법으로 영상의 '검정색' 과 '흰색' 두가지 색상의 밝고 어두운 정도를 활용하여 그 부분만을 투과시 키는 합성 방법이다. 영상 편집에서

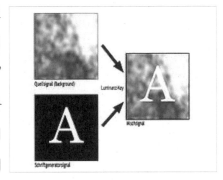

뿐 아니라 영상 스위처를 활용하여 방송용 자막을 실시간으로 송출할 때 이 용할 수 있다.

13

미디어 사역을 위한
음향 살펴보기

>> 예배를 위한 음향

음향장비는 교회 사역에서 꼭 필요한 미디어 매체가 되었다. 목회자의 메시지 전달로 시작하여 하나님께 올려드리는 찬양 시간, 교회학교에서 외부로 수련회를 갈 때에도 가장 먼저 신경써야하는 부분이 바로 음향이다.

음향장비의 필요성은 모두가 알고 말하지만, 장비를 제대로 알고 사용하는 이들은 그리 많지 않다. 규모가 있는 교회들의 경우에는 음향을 전문으로 하는 목회자나 직원이 상주하는 경우가 있지만, 대부분의 교회들은 담임목회자나 청년들이 이 부분을 담당하고 있다. 이번 장에서는 교회에서 음향으로 섬기는 목회자와 봉사자들이 기본적으로 알아야 할 자세과 이론들을 몇 가지 소개하고자 한다.

>> 교회 음향 봉사자의 자세

먼저 예배자가 되자.

음향을 담당하는 봉사자는 하나님께 가장 좋은 것을 올려드리겠다는 마음으로 예배를 준비해야한다. 먼저 예배자로 설 수 있어야한다. 방송실에서 자신이 맡은 음향봉사를 통해 가장 아름다운 소리로 하나님께 올려 드리는 예배자가 되겠다는 마음 자세를 놓치지 말자. 아무도 보지 않는 방송실에서도 예배자로 설 수 있는 봉사자라면, 그가 하나님께 드리는 예배를 더욱 기쁘시게 받으실 것이라 생각한다.

음향 공부를 지속적으로 하자.

전문가가 되지는 않더라도 음향에 대한 공부를 틈틈히 하길 바란다. 음향 봉사자에게 가장 좋은 공부는 좋은 음악을 많이 듣는 것이다. 필드에서 일하는 음향엔지니어들도 자신의 능력 향상을 위해 무엇보다 좋은 음악을 많이 듣는다. 좋은 음악이 레퍼런스가 되어 엔지니어가 좋은 소리를 만드는 기준이 된다.

들어야할 음악의 종류를 묻는다면, 밴드가 구성되어 있는 음악을 듣길 추천한다. 다양한 악기들이 함께 연주되어 있는 곡을 지속해서 듣다 보면 악기들이 가지고 있는 특성을 알게 되고 좋은 소리가 어떤 소리인지에 대한 자신만의 기준이 생기게 된다. 좋은 소리에 대한 기준이 생기고 난 이후에야 좋은 소리를 만들어낼 수 있다. 유명 찬양팀의 찬양을 듣는 것도 추천한다. 각 악기들과 보컬들이 내는 소리들을 유심히 듣기 바란다.

소리의 좋고 나쁨을 구분되기 시작했다면, 다음은 음악 전체의 밸런스를 생각하며 들어야 한다. 소리를 믹싱하는 과정에서 악기와 보컬의 전체적 밸런스를 잘 잡아야 특정 악기나 보컬들의 소리가 튀어나오지 않게 조화로운 소리를 만들어 낼 수 있다. 한 예로 필자의 경우 어쿠스틱 드럼이 있는 공간에 드럼 마이킹이 불가한 상황이라면 드럼 소리를 기준으로 전체음향의 밸런스를 잡는다. 이 기준은 현장의 상황에 따라 다르기 때문에 현장의 악기팀의 소리를 들으며 그 동안 들어왔던 좋은 음악의 밸런스를 생각하며 믹싱하는 연습을 계속하기를 추천한다.

악기연주를 시도해보는 것은 큰 도움이 된다.

악기 연주를 기초 수준이라도 배워보길 추천한다. 악기를 연주하는 연주자의 마음을 알 수 있어 연주자들과 소통하기 수월할 뿐 아니라 각 악기가 내는 소리의 특성을 이해하는데 큰 도움이 된다. 악기에 대한 이해도가 높아지면 소리를 수음하는 마이킹에 대한 이해도 또한 높힐 수 있어 더 좋은 소리를 만들어 내는데 도움이 된다.

존중의 마음을 갖고 봉사하자.

많은 교회들에서 교회 엔지니어와 찬양팀간의 소통이 제대로 되지 않아 불편함을 겪는다. 대부분은 찬양팀의 요청을 제대로 들어주지 못하는데서 발생하는 문제들이다. 엔지니어가 다른 이들보다 더 좋은 소리에 대한 기준을 가지고 있을 수 있으나 찬양팀과 악기팀이 가지고 있는 소리에 대한 기준이 다를 수 있음을 이해해야 한다. 이럴 경우 음향 봉사자는 한걸음 물러서 상대방에 대한 존중의 마음으로 그들의 이야기를 청취해주고, 요구를 반영해주려 노력해야 한다.

교회의 음향 봉사자의 자리는 공동체를 세워가는 역할을 담당할 수 있는 귀한 자리이다. 찬양팀의 보컬이나 악기팀의 요청이 들어오기 전에 그들이 듣고 있는 모니터를 먼저 가서 들어봐 주고 불편사항을 확인 후 먼저 불편한 것들을 해소해 준다고 생각해 보자. 이런 섬김이 반복되면 음향 봉사자가 언제나 찬양팀을 먼저 생각해주고 있다는 인식이 생기게 될 것이고 엔지니어에 대한 신뢰는 올라가게 될 것이다.

먼저 가서 준비하자.

교회 음향엔지니어는 충분한 시간을 갖고 사역을 준비해야 한다. 음향이라는 것은 돌발 상황이 많이 발생하는 분야이다. 그래서 이런 부분을 미리 점검하고 준비할 수 있어야 한다. 찬양팀이 오기 전 시스템이 잘 작동 하는지 점검하는 작업을 꼭 해야한다.

그리고 시간 약속을 잘 지켜야 공동체 간에 신뢰를 쌓을 수 있다. 연주하고 찬양하는 이들만이 찬양팀이 아니다. 뒤에서 소리를 믹싱하는 음향엔지니어도 찬양팀의 구성원이라는 생각을 가지고 최선을 다해 봉사하길 바란다.

>> 마이크(Microphone)

마이크의 종류

다이나믹(Dynamic) 마이크

다이나믹 마이크는 별도의 전원이 필요 없는 마이크이다. 소리에 의해 공기의 떨림이 마이크의 진동판(Diaphargm)을 울리면, 그 진동으로 인해 자석의 표면에 감긴 코일이 왕복운동을 하게 된다. 이때 자석의 자

기장 변화를 통해 코일에 전류를 만들어 내는 방식을 사용한다. 다이나믹 마이크는 가격이 저렴하고 내구성이 높아 음향의 많은 분야에서 사용된다. 대신 컨텐서 마이크에 비해 소리를 받아들이는 것이 둔하다. 콘서트나 집회의 경우 현장의 음압이 크기 때문에 소리의 흡수가 둔한 다이나믹 마이크를 선호한다.

(다이나믹 마이크의 대표격인 Shure사의 SM57과 SM58)

컨덴서(Condenser) 마이크

컨덴서 마이크는 전원이 필요한 마이크이다. 마이크 내에 컨덴서라는 부분에 전기소자를 저장하고 있다가 진동판이 울릴 때 양극간의 전압의 변화를 따라 소리를 송출하는 방식을 사용한다. 컨덴서 마이크는 다이나믹 마이크보다 소리 수음에 민감하여 전문적인 녹음시에나 성가대, 회중 마이크, 솔리스트 마이크로 많이 사용한다. 컨덴서 마이크를 사용하기 위해

(전문 녹음 마이크 노이만사의 U87)

서는 믹서(믹싱 콘솔)에서 보내주는 전원(팬텀파워 48v)이 필요하다(1.5v 건전지가 들어가는 마이크도 있다). 내구성이 약하다는 단점이 있다.

마이크의 특성

(이미지 출처 : Shure사 홈페이지)

단일지향성(Cardioid) 마이크

단일지향성 마이크는 마이크의 전면의 소리를 수음할 수 있도록 개발되어 마이크의 옆면이나 주변부에서 들리는 소음들은 수음되지 않는 특징이 있다. 이로 인해 주변부 소음으로 인한 하울링이 발생이 적다.

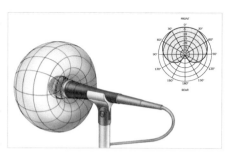

양지향성(Bi-directional) 마이크

양지향성 마이크는 마이크의 양 옆의 소리를 수음할 수 있도록 개발된 마이크이다. 두 명이 함께 노래를 부르거나 대화하는 씬을 녹음할 때 사용할 수 있다. 양지양성의 수음되

는 형태는 숫자 8을 가로로 높여 놓은 것과 같은 모습을 보여준다.

초지향성(Hypercardioid) 마이크

초치향성 마이크는 단일지향성보다 지향각이 더 많이 좁고, 마이크의 전면의

소리만을 집중해서 수음되도록 개발
된 마이크이다. 주로 주변소리가 많
은 현장에서 한 인물의 소리를 수음
하고 싶을 때나 미세한 소리를 수음
할 때 사용된다. 영화촬영시 동시녹

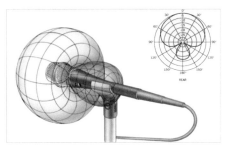

음에 사용되는 붐마이크가 그 예이다. ASMR을 녹음할 때 사용하기도 한다.

하울링

마이크에서 수음된 소리는 앰프를 통해 증폭되어 스피커에서 나오게 된다. 그
런데 스피커로 부터 나오는 이 소리가 다시 마이크로 수음이 되면 루프가 되어
하울링 현상이 발생한다. 한마디로 마이크에서 스피커로 소리가 루프되는 현
상을 하울링이라 한다. 하울링은 스피커와 마이크가 가까이 있을 때 특정 주
파수 대역에서 발생하고, 현장의 마감재의 따라 특정 주파수의 반사율이 높아
하울링이 발생하기도 한다. 이를 해결하기 위해서는 스피커와 마이크 사이의
거리를 두게 하는 방법과 스피커의 위치 변경, 이퀄라이저라는 장비를 사용하
여 반사율이 높은 특정 주파수의 음량을 줄이는 방법 등을 사용한다(해결방법은
현장상황에 따라 다르다).

>> 라인입력 & 다이렉트 박스

라인입력

라인입력은 XLR커넥터로 들어오는 마이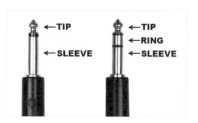
크 소리가 아닌 일명 55잭이라고 불리는
TS 커넥터나 TRS커넥터로 들어오는 신호
로, 마이크의 입력 신호보다 큰 레벨로 소
리의 입력이 들어오는 것이다. 보통 건반, 전자드럼 같은 전자 악기로 부터 들
어오는 음원소스는 마이크 신호보다 큰 레벨로 들어오기 때문에 믹싱콘솔(믹
서)에서 -20dB를 눌러 레벨을 낮춰 사용한다.

다이렉트 박스

XLR커넥터로 연결되는 마이크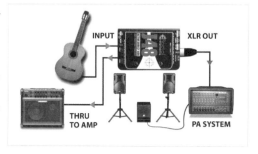
신호는 밸런스 신호로 입력이
된다. 라인 입력의 경우에는 언
밸런스 신호로 입력이 된다. 언
밸런스 케이블은 길이가 길어
질수록 노이즈가 발생한다. 이런

(출처 : Radial사 홈페이지)

문제를 해결하기 위해 개발된 장비가 일명 Di-Box라고 불리는 '다이렉트 박
스'이다. 다이렉스 박스에 언밸런스 입력을 하면 밸런스 신호로 출력해 준다.
또한 PAD가 있어 높은 레벨의 신호를 0dB, -20dB, -40dB 등으로 낮출 수 있
다. 다이렉트 박스에는 전원을 필요로 하지 않는 패시브형이 있고, 전원을 공

급해줘야하는 액티브형이 있다. 패시브형은 전원 없이도 사용할 수 있다는 장점은 있지만 음색에 영향을 미치는 부분이 있다. 가격이 저렴하다. 액티브형은 가격이 비싸지만 음색의 변화가 덜하다는 장점이 있다.

우측의 그림은 다이렉트 박스를 연결한 예를 보여주는 것이다. 기타에서 나온 언밸런스 신호를 다이렉트 박스에 연결하고 연주하는 소리를 모니터할 수 있도록 THRU단자에서 기타앰프로 연결하여 사용할 수 있다. 그리고 최종으로 변환된 밸런스 신호는 믹싱콘솔로 보내어 스피커로 출력할 수 있다.

>> 믹싱콘솔(Mixing Console)

믹싱콘솔의 역할과 기능

믹싱콘솔의 주요 기능은 입력받은 다양한 소리를 적절하게 분배하고 출력하여 하나의 소리로 믹싱될 수 있게 돕는 장비이다. 보통 믹서라고 부르기도 한다. 믹서라 불리는 것은 요리를 할 때 사용하는 믹서기 처럼 사운드 소스를 섞어 하나의 아름다운 밸런스의 스트레오 사운드로 출력하기 때문에 그렇게 부르기도 한다. 연주에는 마이크, 드럼, 신디, 일렉기타, 베이스 기타 등 다양한 소스들이 있다. 이런 다양한 입력 소스들을 모아 믹싱하기 위해서는 콘솔의 각 부분들의 역할을 이해하는 것이 필요하다. 콘솔의 전체를 한번에 이해하려면 어렵지만, 먼저 하나의 채널을 살피는 것으로 시작하면 전체를 쉽게 이해하고 운용할 수 있게 될 것이다.

(맥키사의 3204를 기준으로 설명하겠다. 이미지 출처: Mackie사 3204 메뉴얼)

콘솔의 채널부분

1. 게인(Gain)

믹싱콘솔의 채널별 프리앰프를 조절하는 노브이다. 마이크의 신호는 아주 작은 신호로 들어오게 된다. 이 게인 노브를 통해 전기 신호가 증폭된다. 즉, 들어오는 입력신호의 양을 조절하는 장치이다.

2. 로우컷(Low Cut) or 하이패스필터(High pass filter)

로우컷(하이패스 필터)는 100Hz 또는 80Hz 이하의 주파수를 차단한다. 저음역대의 소리가 없는 악기나 보컬의 마이크에는 노우컷 버튼을 누름으로써 저음역대에서 들어올 수 있는 노이즈를 차단할 수 있다.

3.패드(Pad)

패드버튼은 레벨이 큰 소스의 레벨을 낮추는 버튼이다. 이 패드버튼을 누르면 -20dB의 레벨이 줄어든다.

팬텀파워(우측 콘솔에는 후면에 하나의 버튼으로 컨트롤 됨)

팬텀파워 버튼은 컨덴서 마이크나 액티브형 다이렉트 박스에 전원(48v)을 공급하는 버튼이다. 믹싱 콘솔에 따라 팬텀파워 스위치가 채널별로 있는 경우가 있고, 몇개씩 묶여서 스위치가 있는 경우가 있다.

4. 억스(Aux)

억스는 외부출력 또는 별도출력을 의미한다. 모니터 스피 커를 사용할 때 억스를 사용한다. 채널별로 우측 그림과 같이 억스 노브가 있어 모니터에 원하는 채널의 소리를 키 워 줄 수 있어 모니터에 개별 소스들을 보내줄 수 있다. 억 스는 이펙터를 사용할 때도 사용된다. 악기를 제외한 보컬 들의 채널의 억스를 올려줌으로써 보컬들의 소리가 이펙 터에 들어가고, 이펙터에서 믹스된 음향효과를 억스리턴 이나 채널로 받아 메인 스피커로 출력하게 되면 보컬들의 목소리에 이펙터(리버브 또는 딜레이 계열 등)를 적용해줄 수 있다.

5. PRE 버튼

Pre버튼을 누르면 억스로 출력되는 소리는 페이더의 영 향을 받지 않고 출력된다. 만약 이 버튼을 누르지 않으면 Post상태가 되어 페이더의 영향을 받게된다.

6. 이퀄라이저(Equaliser)

믹싱 콘솔의 채널에 있는 이퀄라이저는 파라매틱 이퀄라이저이다. 파라매틱 이퀄라이저는 각 주파수를 기준으로 주변 주파수에도 영향을 끼치면서 그 양 을 조절하게 된다. 시그널 프로세서(아웃보드)에서 사용하는 이퀄라이저는 그래 픽 이퀄라이저이다. 그래픽 이퀄라이저(보통 31밴드를 사용)는 특정 주파수를 선택 하여 그 양을 조절 할 수 있다.

7. 팬(pan)

출력사운드의 소리의 좌, 우의 양을 조절하는 노브이다.
만약 R방향으로 완전히 노브를 돌리면 우측 스피커에서
만 소리가 나게 된다. 이 팬을 통해 사운드의 스테레오 이
미지를 만들 수 있다.

8. 뮤트(Mute)

뮤트는 채널의 신호를 차단하는 것이다. 교회에서 목사님
의 설교시에는 다른 마이크나 악기들은 보통 뮤트 버튼
을 눌러서 설교자의 소리 외 모든 소리를 차단할 수 있다.

9. 솔로(Solo)

솔로버튼을 누르면 헤드폰을 통해 버튼을 누른 채널의 소리를 들을 수 있다.
예를 들어 보컬의 밸런스를 잡는 다면, 먼저 리더의 채널 솔로를 눌러 소리를
체크 한 후 다른 보컬들의 솔로 버튼을 하나씩 눌러가면서 밸런스를 조절할 수
있다. 또한, PC에서 들어오는 음원 소스를 스피커로 나가지 않게 솔로버튼만
눌러 헤드폰으로 확인할 수 있다.

10. 그룹(Gruop)

그룹 또는 버스(Bus)는 채널의 볼륨을 묶어서 관리하는 것이다. 예를 들어 15번
16번 17번 채널의 1,2번 그룹 버튼을 눌러주면 1,2번 그룹의 페이더로 15번 16
번 17번 채널의 소리를 한번에 컨트롤 할 수 있다. 그룹을 활용해서 그룹아웃

에서 출력을 보내 모니터를 사용하거나 서브 스피커, 유
아실 모니터 등을 사용하는 교회들도 있다.

11. LR(스트레오)

LR버튼을 누르면 채널의 소리를 메인 스피커로 바로 출
력하겠다는 의미이다. 보통 그룹으로 묶은 채널들은 LR
을 채널에서 누르지 않고 그룹에서 LR을 눌러 그룹에서
소리를 조절한다.

12. 페이더

채널의 페이더는 입력된 소스를 최종적으로 출력할 때 사용하는 노브이다. 이
페이더를 통해 찬양시에 소리의 밸런스를 조절할 수 있다. 페이더의 기준은
0dB이고 범위는 +10dB ~ -∞이다.

콘솔의 아웃 마스터 부분

채널의 가장 우측부분으로 여러 채널들에서 보낸 그룹과 억스 등의 전체
를 한번에 조절하는 노브들이 모여있다.

1. 억스 마스터(Aux Master)

억스마스터는 각 채널별로 억스 노브를 올려 개별신호를 보냈다면, 이 마
스터 부분에서는 채널에 있는 억스의 전체 레벨을 조절하는 노브이다. 억
스마스터에 1~5번이 있는 것은 이 콘솔의 억스가 5개가 있다는 의미이다.

2. 스트레오 리턴(Aux Returns)

스테레오리턴은 억스리턴과 같다. 억스리턴의 경우
는 이펙터 아웃풋에서 나온 소스를 입력하여 이 노
브로 이펙터의 양을 조절 할 수 있다. 그러나 요즘에
는 리턴으로 입력을 받지 않고 주로 채널로 받아 사
용한다.

3. FX1, 2

이 콘솔에서 FX1,2는 억스의 5,6번의 일부이다. 콘솔
자체의 이펙터 부분을 조절하는 노브들이 모여있다.

4. Solo, Monitor, Phones

이 부분의 노브들을 활용하여 사운드를 믹싱할 때
솔로의 음량, 헤드폰 및 엔지니어 모니터의 음량 등
을 조절 할 수 있다.

5. 서브그룹(SUBGROUPS)

각 채널에서 할당했던 그룹들은 이 서브그룹 부분에서 조정이 된다. 출력을
메인아웃의 좌,우로 선택할 수도 있고, 버튼(Left,Right)을 누르지 않는 상태라면
그룹 아웃 단자에서 출력하여 서브스피커 등으로 소리를 보낼 수 있다.

6. 메인믹스(MAIN MIX) 메인아웃으로 출력되는 레벨을 조절하는 페이더이다.

후면 커넥터 부분

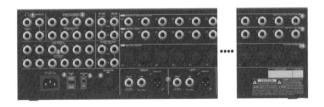

1. 모니터 파트

사운드 믹싱을 위해서는 모니터
가 중요하다. 헤드폰은 헤드폰 모
양이 있는 부분에 커넥터를 꼽고,
모니터 스피커를 사용하고 싶다
면 L,R부분에 스피커의 커넥터를
각각 꽂아 사용한다.

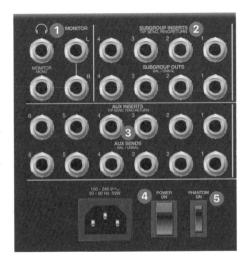

2. 서브그룹 파트

서브그룹에 인서트 기기들을 연결할 때 사용하는 인서트 단자와 아웃 단자가
있다. 아웃단자에 커넥터를 연결하면 사운드를 메인 아웃으로 보내지 않고 그
룹을 개별 아웃으로 사용할 수 있다.(서브 스피커, 유아실용 모니터 등으로 사용).

3. 억스 파트

억스에 인서트 기기들을 연결할 때 사용하는 인서트 단자와 억스 아웃 단
자가 있다. 보통 억스 아웃단자에 커넥터를 연결하여 모니터를 사용한다.

4. 전원 버튼

콘솔의 전원을 키고 끄는 버튼이다.

5. 팬텀파워 버튼

그림의 콘솔은 팬텀버튼이 하나만 있다. 즉, 모든 채널의 전기신호를 한번에 켤 수 있다. 다른 콘솔의 경우에는 각 채널별로 있다.

7. 메인 아웃 파트

메인 아웃 파트에서 커넥터를 연결하여 엠 프로 신호를 보내고

엠프로 들어간 신호는 스피커로 출력된다. 위 그림은 메인 아웃 커넥터가 라인과 XLR로 선택하여 사용할 수 있다.

8. 인서트 파트

그림에서 설명하는 콘솔은 인서트가 각 채널별로 있고 그룹과 스트레오에도 있을 정도로 인서트 단자가 많은 콘솔이다. 이 인서트 단자를 통해 채널별이나 그룹별로 아웃보드 장비들을 연결하여 사용할 수 있다. 예를 들어 보컬 그룹의 인서트 단자에 컴프레서를 연결하여 전체 보컬의 컴프를 적용할 수 있다. 또

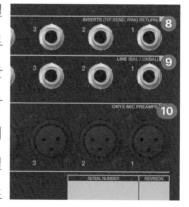

한 예로 메인 아웃풋의 인서트에 그래픽 이퀄라이저를 연결하면 메인아웃의 이퀄라이징을 할 수 있다. 현재는 디지털 콘솔(믹서)가 많이 보급되어 직접 아웃보드 장비들을 연결하지 않고 콘솔에서 직접 모두 운용이 가능하다.

9. 라인입력 파트

악기의 경우 TR 또는 TRS 커넥터를 사용하는데 이 라인입력 단자에 직접 연결하면 된다.

10. XLR입력 파트

XLR 케이블을 연결하는 단자이다. 보컬의 마이크를 연결하거나 다이렉트 박스에서 나온 XLR케이블을 연결할 수 있다.

>> 아웃보드(Outboard)

이퀄라이저(Equalizers)

가청주파수(20~20,000Hz)대역 안의 주파수를 조절하는 기기이다. 그래픽이퀄라이저는 가청 주파수를 31개 밴드로 나누어 세밀하게 조절할 수 있어 교회에서 발생하는 피드백 즉 하울링을 이퀄라이저를 통해 조절하게 된다.

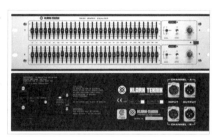

(출처 : KLARK TEKNIK사 홈페이지 / DN360)

컴프레서(Compressor)

컴프레서는 일정한 비율로 소리를 자
동으로 줄여주는 기기이다. 교회에서
목회자의 설교시 갑자기 큰소리를 내

(출처 : dbx사 홈페이지 / dbx166xs)

게 되면 음향장비에 Clip이 발생하거나 하울링이 생기는 등 어려움을 겪는다.
이와 같이 일정 레벨 이상의 소리가 입력될 때 일정한 비율로 자동으로 음량을
줄여주는 기기가 바로 컴프레서이다. 노브의 Threshold는 컴프레서가 작동
하기 시작하는 입력레벨 값을 설정하는 것이다. 얼마나 소리를 줄일지를 결정
하는 기준점을 설정한다 이해하면 된다. Ratio는 Theshold이상 올라가는 소
리를 어떤 비율로 줄일지를 결정하는 것이다(2:1 / 3:1 / 4:1 등).

게이트(Gate)

게이트는 노이즈 게이트를 줄여 말한 것이다. 게이트는 말 그대로 '문'의 역할
을 하는 장비이다. 일정 레벨 이상의 소리만을 출력해주는 장비로, 원하는 레
벨 이하의 노이즈들을 잘라주는 장비이다. 쉽게 설명하면 큰레벨의 소리는 문
을 열고 나갈 수 있으나, 작은 레벨의 소리는 문을 열지 못하는 것이다.

이펙터(Effector)

아날로그 형태의 이펙터들은 보통 다
양한 기능을 포함하고 있는 멀티 이펙
터들로 출시된다. 찬양팀의 보컬에 리

(출처 : YAMAHA사 홈페이지 / SPX2000)

버브와 딜레이 계열의 이펙트를 적절히 사용하면 듣기 좋은 음향을 만들어 낼

수 있다. 리버브는 공간감을 결정하는 중요한 이펙터이다. 리버브에는 룸 사이즈를 비롯하여 원음과 리버브음의 구분을 정해주는 중요한 역할을 하는 프리딜레이, 리버브의 시간 등을 조절하여 이펙트의 질을 만들어 낼 수 있다.

>> 스피커 시스템

액티브 스피커

일명 파워드 스피커라고도 불리는 액티브 스피커는 스피커 자체에 엠프가 달린 제품이다. 교회에서 수련회에 갈 때 액티브 스피커는 기동성이 좋아 많이 사용한다. 엠프를 사용하면 스피커 케이블을 사용하여 엠프와 스피커 간 연결을 해야하는 불편함이 있다. 그러나 엑티브 스피커는 콘솔에서 XLR케이블 두 개만 연결하면 사운드를 바로 출력할 수 있어 편하게 사용할 수 있다.

패시브 스피커

패시브 스피커는 파워가 내장되어 있지 않아 개별 파워엠프가 필요하다. 파워엠프를 선택할 때는 패시브 스피커의 용량에 따라 잘 선택해야 한다.

>> 시스템 연결과 커넥터

아래 그림은 맥키(Mackie)사에서 제공하는 장비를 연결하는 예시와 커넥터의
설명이다. 이 그림을 참고하면 세팅과 커넥터 공부에 도움이 될 것이다.

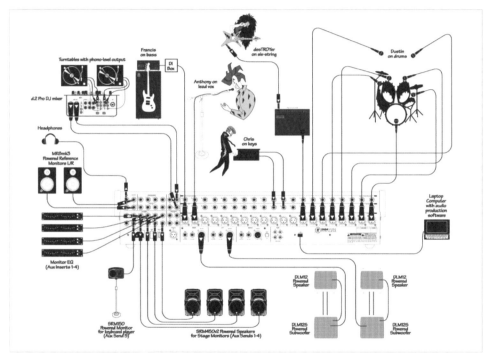

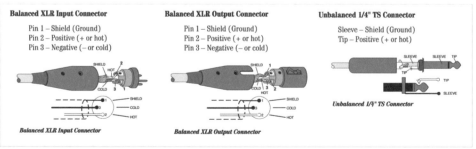

(출처 : Mackie사 3204 메뉴얼)

>> 이퀄라이징

찬양팀 사운드를 조절할 때 먼저 생각해야할 것은 밸런스이다. 악기와 보컬간의 밸런스가 먼저이고, 다음은 소리의 색을 조절하는 이퀄라이징 작업, 스테레오 이미지를 만들어 공간감을 줄 수 있는 패닝 등이 있다. 음의 질감을 단단하게 해주기 위해 컴프레서로 레벨 조절하는 것과 이펙터를 사용하여 음을 풍성하게 하는 것은 부가 작업으로 필요하다. 이런 작업들 중에 어려워하는 부분 중 하나가 이퀄라이징이다. 이에 대해 몇 가지 소개하겠다(EQ는 극단적으로 올리거나 내리지 않고 소리를 들으면서 적절히 조절해야 한다). 이퀄라이징은 절대적인 것이 될 수 없다. 믹싱 엔지니어 마다 다르고, 환경에 따라 다르기 때문에 참고용으로만 활용하자.

베이스 기타

- 베이스 기타 소리는 드럼의 킥사운드와 함께 음악의 저음역대를 담당한다. 드럼과 베이스 소리가 찬양팀의 전체 소리를 탄탄하게 해준다.
- 명료도를 높이고 싶다면 630Hz~1kHz대역에서 올려준다.
- 깊이감을 주고 싶다면 50~200Hz을 올려준다.
- 먹먹한 소리가 난다면 200~300Hz을 줄여준다.
- 어텍감을 살리고 싶다면 2~5kHz대역을 올려준다.

드럼

- 드럼 킥의 단단함과 깊이감을 더하고 싶다면 80~100올려준다.

- 킥의 소리를 명확하게 하고 싶을 때는 800Hz~2kHz대역을 올려준다.

- 킥의 어텍감을 더해주고 싶으면 3~5kHz대역을 올려준다.

- 스네어의 깊이감을 더하고 싶다면 250~300Hz대역을 올려준다.

- 하이헷은 로우컷(Lowcut)을 하여 저음대역 소리가 들어오지 않게 한다.

- 하이헷의 밝은 느낌을 더해주고 싶다면 10kHz대역 이상을 올린다.

- 탐(Tom)은 100~250Hz대역을 올려주면 풍성한 소리를 낼 수 있다. 그러나 지나치게 많이 올려주면 과한 울림 소리가 될 수 있다.

- 탐의 딴딴한 느낌의 소리를 강조하고 싶다면 250~400Hz사이에서 찾아 올려준다. 어텍감을 올리고 싶다면 3~5kHz대역을 올려준다.

- 드럼 오버헤드의 먹먹함을 줄이고 싶다면 100~200Hz대역을 줄여준다.

일렉 기타

- 따뜻함을 더해주고 싶다면 150~250Hz대역을 올려준다.

- 어텍감을 더해주고 싶으면 2.5~4kHz대역을 올려준다.

- 5kHz이상은 강하게 소리를 내고 싶을때 올려준다.

- 먹먹한 소리는 100Hz대역을 줄여준다.

보컬

- 보컬은 초저역 대역의 소리는 낼 수 없기 때문에 로우컷(LowCut)버튼은 눌러 준다(보컬과 마이크 간의 사이는 10~15cm정도 유지한다).

- 150Hz 대역을 올리면 꽉찬 느낌을 줄 수 있다. 선명한 소리를 위해서는 3~5kHz를 올려준다.

- 전화기 소리와 같은 맹맹한 소리는 600~800Hz를 내린다.

- 'ㅅ, ㅆ, ㅊ'에서 나오는 치찰음(공기가 이를 스치고 가는 소리)은 7kz~10kHz를 내린다

- 메가폰 소리와 같은 날카로운 소리는 800Hz~1kHz를 내린다.

- 보컬 모니터에 드럼의 스네어와 드럼 킥소리, 하이엣 소리를 넣어주자(하이엣 소리가 메트로놈의 역할을 한다). 멜로디를 따라갈 수 있는 건반을 넣어주되 다른 악기들은 요청에 따라 추가해 준다.

키보드(신디사이저)

- 키보드는 이퀄라이징을 과도하게 하는 것을 피하는 것이 좋다.

- 저음역 대역에서 베이스 기타와 겹치는 부분만 살짝 낮춰준다(200Hz 근처)

- 6kHz이상의 고음을 올려주면 밝은 음색을 줄 수 있지만 과도하게 올리진 않는다.

- 멜로디가 드러나게 하고 싶다면 1~3kHz대역을 올려준다.

어쿠스틱 기타

- 저음역대에서 붕~하는 소리가 나는 경우 150Hz대역을 줄여준다.

- 풍부한 소리를 원할 경우 150~200Hz대역을 올려준다.

- 어텍감과 펀치감을 주고 싶다면 3~5kHz 대역을 올려준다.

- 밝은 느낌을 주고 싶다면 7kHz대역을 올려준다.

- DI-Box를 연결하여 사용하고, 모니터에 연주 소리를 적절하게 넣어준다.

- 어쿠스틱 기타는 예배 인도자가 많이 사용한다. 인도자가 연주하는 기타는 예배를 이끌어 가는데 중요한 역할을 한다. 그래서 악기 연주자들의 모니터에 인도자의 기타소리가 잘 들리도록 올려주는 것이 좋다.

피아노

- 어텍감을 더해주고 싶으면 4kHz대역을 올려준다.

- 중저음의 먹먹한 소리는 200~500Hz대역을 내려준다.

- 따뜻한 느낌을 더해주고 싶다면 80~150Hz대역을 올려준다.

악기별 주파수 차트

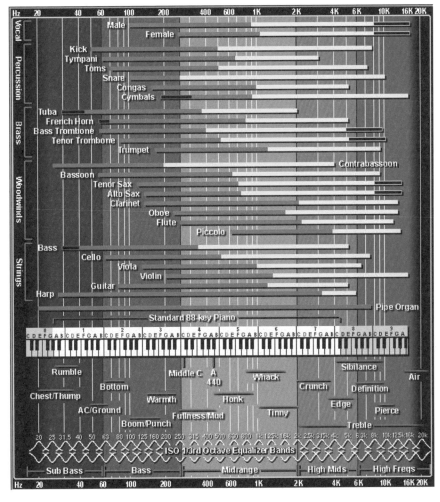

14

교회 사역에 유용한
이것 저것

뉴노멀 시대의 새로운 전도플랫폼 "에디"

CCC 전도 제자훈련원(EDI)
은 팬데믹이 가져온 비대
면 시대에 발맞춰 온라인
전도와 양육, 새가족 사역,
교회 등록이 가능한 플랫
폼인 'EDI'를 구축했다. 에

디는 영유아부터 청장년에 이르기까지 각 세대를 위한 복음적 이미지와 영상
을 제공한다. 에디 전도플랫폼은 '전도플랫폼'과 '전도카드'로 구성되어 있다.
전도카드를 이웃에게 전달하는 것만으로도 전도가 시작된다고 설명한다. 전
도카드를 받고, 스마트폰 카메라로 전도카드의 QR코드를 스캔하면 '전도영
상'이 나온다. 전도영상을 시청하고 자신의 기본정보를 입력하면 개별 교회 전
도플랫폼에 전도대상자의 정보를 확인할 수 있도록 개발되었다.

일상 곳곳에서 복음을 만날 수 있는 "복음의 전함"

'복음의 전함'은 일상 곳곳
에서 복음을 만날 수 있도
록 다양한 복음콘텐츠로
하나님의 사랑을 전하는
비영리 선교단체이다. 사
람들이 많이 오가는 길거

리나 버스 정류장, 지하철 역 등에서 복음의 전함 현수막을 많이 볼 수 있다.

복음의 전함은 '일상에서 복음의 메시지가 자연스럽게 노출되며 사람들의 생활권 안에서 공존하고 공유되어지는 세상을 만들어가는 것'을 목표로 밝힌다.

복음의 전함 사이트와 유튜브에 올라온 유명인들의 복음 메시지 영상은 누구나 활용하여 전도현장에서 사용할 수 있다. 원한다면 '전함스토어'에서 다양한 전도용품을 구매할 수도 있다. 출석교인 50명 미만의 교회를 '비전교회'로 칭하며, 비전교회들에게는 교회별 성도 10명에게 개인 이름이 적힌 복음의 전함 명함 200매를 무상으로 지원한다. 그리고 외벽에 붙일 수 있는 현수막 디자인을 무상으로 제공하고 있다.

국내 최초 기독 OTT서비스 "퐁당"

'퐁당'은 재단법인 온누리 재단에서 출시한 최초의 국내 기독 OTT플랫폼 서비스이다. 퐁당은 '흘러넘치다, 빠져들다'라는 뜻의 프랑스어로 세상으로 복음을 흘려 보내는 역할을 하겠다는 의지가 담겨진 이름이다. 콘텐츠는 국내외 검증된 목사, 교수진으로 구성되어 있어 이단 콘텐츠에 대한 염려는 없다. 현재는 모든 영상이 무료로 제공되기는 하나 추후 업데이트를 통해 유료 전환을 검토 중이다.

기독 콘텐츠 구독 서비스 "두플러스"

두플러스는 두란노서원에서 런칭한 기독콘텐츠 구독 플랫폼 서비스이다. 이 앱에서는 전자책, 매거진, 오디오북 서비스 등을 제공한다. 신간으로 나온 책

과 베스트셀러 등을 PC와 스마트폰으로 볼 수 있다. 유료서비스로 각 요금제마다 제공하는 콘텐츠는 상이하다. 아침묵상만을 위한 QT플랜(9,900원/월)으로 시작하여 성경연구자료까지 볼 수 있는 프리미엄플랜(25,000원/월)으로 구성되어있다. 한 ID 당 PC 1대 스마트폰 5대를 지원하여, 가족 공유도 가능하다. 두란노에서 제공하는 온라인 클래스도 시청할 수 있다.

국내 주요교회의 말씀을 한곳에서 "말씀모아"

'말씀모아'는 전세계 어디나 인터넷이 가능한 곳이면 한국 내의 주요 교회들의 설교를 한 곳에서 들을 수 있게 개발된 플랫폼이다. 유튜브를 서치하면 듣고 싶은 목사님의 설교를 언제든 들을 수 있는 시대이지만 '말씀모

아' 플랫폼에서는 찾는 수고로움 없이 한 곳에서 편하게 들을 수 있다. 또한, 주

요교회들의 설교를 '음성파일'로 변환하여 올려준다. 직접 다운을 받거나 스트리밍 형식으로 들을 수 있다. 스마트폰 앱으로도 제공한다.

이단을 방지하고 지역교회를 소개하는 "교회114"

타 지역으로 이사한 성도들이나 진학을 위해 대학교 근처로 이사한 학생들이 알지 못하는 타지역에서 출석할 교회를 찾기가 여간 어려운 것이 아니다.
그 지역 목회자들의 추천을 받아 소개받는 것이 가장 안전한 방법이긴 하나 추천을 받을 수 없는 지역에서 출석할 교회를 추천받는 것은 어렵다.

원하는 교회가 복음적인 교회인지를 알고 싶을 때 질문할 곳이 필요하다. 그래서 출시된 플랫폼이 '교회114'이다. 교회 114는 국내외 검증된 '건강한 교회' 정보를 제공한다. 특별히 이단사이비 종교의 실체를 세상과 교회에 알려온 기독단체인 '현대종교'와 정보를 공유하고 있어 더 신뢰도가 있다.

카카오톡으로 교회 소식을 전하는 "링크 153"

많은 교회들이 문자로 교회의 중요알림을 보내고 있다. 카카오톡을 잘 활용하는 교회들은 교회 채널을 개설하고 주요한 알림을 채널 알림으로 전달하고 있다.

이 두 가지 모두 불편한 요
소들이 몇가지 있다. 문자
를 이용하는 경우에는 문
자 발송 비용이 많이 든다.
카카오 채널을 이용하는
교회의 경우에는 교인들

을 채널로 가입시키는 작업이 필요하다는 불편함이 있다. 또한 원하지 않은
사람들이 채널로 유입되는 것을 막을 수 없다. 이런 문제에 대해 고민하고 그
해결책을 제안한 플랫폼이 바로 '링크 153'이다. 교인들 전화번호만 있다면 카
카오 채널에 성도들을 일일히 추가하는 작업이 필요 없다. 또한, 카카오톡을
사용하지 않는 성도들이 있다면 문자메시지(SMS)로 알림을 발송해 준다. 거기
에 카카오톡 알림을 원치 않아 '알림톡 차단'을 한 경우에도 문자메시지를 통
해 안내를 보낼 수 있다. 이 서비스로 교회는 성도들에게 빠짐 없이 교회의 주
요 알림을 전달할 수 있다.

링크 153은 카카오 채널의 장점을 그대로 가지고 있다. 5개의 링크버튼을 활
용하여 교회에 기도제목을 보내거나, 홈페이지로 바로가기 등을 활용할 수 있
다. 그리고 교회가 발송해야 할 문구를 템플릿으로 제공한다. 템플릿에서 교
회에 맞는 문구를 수정하여 발송할 수 있다. '링크 153'은 유료서비스이다. 1
명의 성도에게 알림을 발송하는데 '9원'(1,000자 텍스트 발송)의 비용이 든다. 하지
만 링크 153만이 가지고 있는 장점이 있다.

건전한 성경연구를 위한 "알파알렙"

'알파알렙'는 건전하고 올 바른 성경이해를 할 수 있 도록 자료들을 제공하는 사이트이다. 신구약 성경 원어 본문을 열람할 수 있 으며, 원어분석 및 성경 각  장과 관련된 지명을 포함하는 성경지도도 볼 수 있다. 또한 기본적인 기능 외 에 함께 유용한 정보를 나눌 수 있는 오픈주석과 포럼 공간이 있어 성경해석에 있어 편견없고 자유로운 토론이 가능하다.

언제 어디서든 성경과 함께 "ANYS 바이블 맵"

성경의 지명에 대한 이해없 이 역사적 사건을 파악하기 는 쉽지 않다. 사건은 등장 인물, 시기, 장소, 상황내용 으로 구성되고, 장소는 공 간상의 위치와 해당 위치에  대한 지리적 특성, 거리에 대한 개념이 포함되어있다. 그런 이유로, 'ANYS 바 이블맵'은 스마트폰과 패드, PC로 때와 장소의 제약없이 인터넷 상에서 성경 말씀과 관련 성경지도를 검색할 수 있도록 제작된 성경지도 웹서비스이다.

나만의 성경을 만들어 활용할 수 있는 "로고스 바이블"

'로고스 바이블'은 신학생이나 목회자라면 많이 알고 있는 프로그램이다. 이 프로그램 하나면 성경연구에 필요한 주석, 지도, 이미지 자료 등을 한 곳에서 편하게 볼 수 있어 많은 사랑을 받는 프로그램이다. 하지만 워낙 높은 가격으로 구입하기 쉽지 않다. 그러나 로고스를 잘 활용한다면 아주 적은 비용으로 '열린노트 성경'처럼 목회자가 직접 주석을 만드는 '자신만의 성경'을 만들 수 있다.

위 그림은 필자가 사용하고 있는 로고스 성경의 모습이다. 성경책의 필요한 부분에 강조효과를 주고, 주요한 메모들을 기록할 수 있다. 스마트폰을 열어 '로고스 바이블'에 기록해 둔 내용들을 열면 이전에 성경연구한 내용들을 볼 수 있어 심방이나 외부에서 급하게 설교할 경우에도 큰 도움을 받을 수 있다. 언제 어디서든 스마트폰과 테블릿만 있다면 자신만의 성경 노트를 성경과 함께 볼 수 있다는 장점을 가진 '로고스 바이블' 사용해보기를 추천한다(유료버전을 사용하는 경우에는 이미지 업로드가 지원된다).

AI시대 대한민국 청년이 개발한 크리스천 플랫폼 "초원"

'초원'은 많은 그리스천들 앱들이 불편하게 동작하는 것을 경험한 청년 기독 프로그래머들이 다음세대들의 신앙회복을 위해 고민하고 개발한 앱이다. 무료 성경과

해설을 통해 그리스도인들이 언제 어디서든 말씀을 쉽게 접하고, 묵상하고, 기도하는 습관이 생기도록 도와준다. 요즘 이 앱이 청년들 사이에서 핫하다. 그 이유는 어느 누구에게도 물어보지 못하는 신앙적인 질문들을 AI를 통해 답변받기 때문이다. 초원의 주 사용자는 10~30대 크리스천들이다. 서비스 시작 9개월여 만에 62만개의 질문이 입력될 정도로 청년들의 사용율이 높다.

RTA Audio Analyzer

스마트폰에 다운 받아 사용하면 유용한 프로그램이다. 교회에서 사운드를 조절시 하울링이 발생하면 RTA프로그램으로 어느 주파수 대역에서 울리는지 체크할 수 있다. 간단한

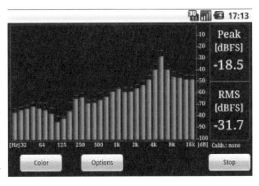

프로그램 하나로 교회에서 일어나는 하울링 문제를 해결할 수 있다.

EQ Perfect

아이폰용 어플로 EQ를 잘 사용하기 위한 듣기 훈련 어플이다. 음악을 들으며 불필요한 소리를 줄이는 연습을 반복해서 학습할 수 있다. 원래의 음원과 한 음역대의 소리가 부스트(올라간)된 음원을 비교하여 부스트 된 주파수를 찾는 어플이다. 음악을 들으면서 훈련하기 때문에 연주 중에도 불필요한 주파수를 조절하는 법을 배울 수 있다. 앞으로 안드로이드폰에도 지원 예정이다.

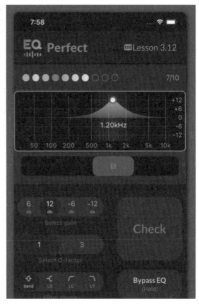

Guitar tuna

인터넷 악기 레슨으로 유명한 yousician에서 개발한 기타 튜닝앱이다. 기타를 연주하는 이들을 한번쯤 써보았을 정도로 인기있는 앱이다. 기타를 비롯해서 우크렐레, 베이스 기타 등도 튜닝할 수 있다. 기타 현이 울리면 음의 오차를 계산해서 현을 조여야할지 풀어야할지 쉽게 보고 따라할 수 있게 잘 제작된 앱이다.

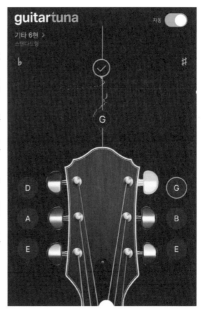

이지 카운터

아주 직관적으로 운용되는 카
운터 프로그램이다. 사역현장
에서 급하게 사람수나 물건의
숫자를 헤아려야하는 경우가
있다. 이지카운터는 화면을
터치할 때마다 1씩 올라간다.
목표표시와 함께 남은 횟수를
활성화하면 카운트한 숫자와

함께 남은 횟수를 함께 볼 수 있어 간단하지만 활용하기 좋은 앱이다. 자기 계
발을 위해 습관 만들기를 위해 사용하는 이들도 있다(아이폰 용).

블루투스 리시버

수련회 현장에서는 음악을 틀어야하는 경우가 많
다. 보통은 노트북을 믹싱콘솔 옆에 두고 엔지니
어가 음악을 틀어준다. 그러나 가끔은 앞에서 리
딩하는 사람이 직접 음악을 틀고 싶을 때가 있다.
이럴 때 블루투스 리시버를 활용하면 레크레이션
이나 특별 순서 때 스마트폰으로 음악을 편리하
게 틀 수 있다. 리시버를 선택할 때 유의할 점은

아웃풋 단자가 3.5mm TRS잭(보통 이어폰 단자)단자나 RCA단자가 있는지 확인
하자(믹싱콘솔과 연결을 위해).

페이스북 클럽, 네이버 카페 '하나님이 주신 소리'

하나님을 믿는 크리스찬 전문 엔지
니어들의 모임공간이다. 영상 음향
의 기술 자료들을 서로 공유하고 있
으며, 질문 게시판도 운영 중이다. 교
회 방송실을 운영하다가 해결되지 않
는 문제가 있을 때 언제든 물어보고
함께 해결법을 찾을 수 있어 처음 미
디어 사역을 하는 이들이라면 추천하
는 사이트이다.

엘가토 사의 '스트림 덱'

큰 행사시에는 다양한 음악을
사용한다. 음악을 컴퓨터로 재
생하는 방법보다 직관적으로
재생할 수 있는 제품이 있다.
바로 '스트림 덱'이다. 이 제품
은 버튼에 원하는 것들을 맵핑

(Mapping)을 해서 사용하는 제품이다. 한 예로 포토샵을 버튼 1에 맵핑하면 버
튼 1을 눌렀을 때 포토샵을 실행시킬 수 있다. 이런 방식으로 음악을 각 버튼마
다 맵핑해 놓으면 교회 큰 행사시에 편하게 음악을 재생할 수 있다.

유튜브 채널 '김도헌 대림대 교수'

대림대 방송영상음향학부 김도헌 교수의 유튜브 채널이다. 음향 공학을 전공한 교수라 음향을 공학적으로 바라보는 관점이 뛰어나다. 이 채널에서 김도헌 교수가 설명하는 음향 기본

이론들을 잘 습득하고 적용해 본다면 미디어 사역에 큰 도움을 받을 수 있다. 현재 교회 엔지니어 현장에 있어 더욱 현장감 있는 설명을 잘해준다.

유튜브 채널 'A2Z'

A2Z프로덕션의 영상을 참고하면 영상 중계에 대한 최신 트랜드와 팁들을 배울 수 있다. 강의 영상을 따로 올려주는 것은 아니나 실제 영상세팅을 어떻게 하고 있는지에 대한 설명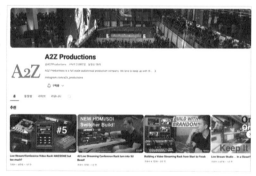

이 첨부어 있어 새로운 방식의 영상 중계 방법을 터득할 수 있는 채널이다. 블랙매직사의 스위처와 엘가토사의 스트림 덱을 연결한 맵핑 파일을 제공하여 블랙매직 스위처를 사용하는 이들로 하여금 다양한 도전을 할 수 있도록 돕는다.

책을 마무리 하며

책을 쓰면서 전문적인 내용들을 최대한 배제하고 쉽게 적으려 노력하였다. 미디어 기기의 전문적인 내용을 담을 때도 각 부위들의 역할들만을 간단히 설명하였다. 그러나 독자들의 '디지털 리터러시'의 차이가 크기에 누군가에게는 아주 쉬운 내용으로 다가 올 것이고, 누군가에게는 어렵게 느껴질 수 있을 것이다.

이 책이 처음 미디어 사역을 해보겠노라 결심한 분들에게 '나도 얼마든지 할 수 있겠다'는 용기를 주길 기대한다. 미디어 사역은 결코 어려운 것이 아니다. 관심을 가지고 배우는 자세로 임한다면 얼마든지 가능한 사역이다. 그렇다고 쉽게 생각해서는 안되는 사역이다. 나의 섬김의 자리가 하나님이 기뻐하시는 사역의 현장이길 기도하며, 헌신과 섬김을 다해야 하는 자리이다. 그리고 끊임 없는 공부와 노력이 필요한 자리이다.

지금부터 하나씩 배워가며 이 길을 함께 걸어가길 추천한다. 첫 발을 내 딛고 걸어갈 때 하나님께서 동행하시는 귀한 길임을 잊지 말자.

미디어 사역자 임민순

미디어 사역 3.0

플랫폼 시대, 미디어 사역 쉽게 따라하기

발행일	초판 1쇄 2024년 3월 15일
저 자	임민순
펴낸곳	도서출판 유앤미
펴낸이	김유나
디자인	유앤미

주 소	서울시 강남구 영동대로 118길 30-7 다 101호
전 화	0507-1421-8540
이메일	eps99@naver.com
ISBN	979-11-986979-0-5
출판등록 2024년 2월 16일 제2024-70호